四川大学素质教育系列丛书

本书为中国科协发展研究中心资助项目（“案例教学试点工作”）成果之一

学术道德与学术规范

——信息化时代的要求与演进

XUESHU DAODE YU XUESHU GUIFAN

四川大学《学术道德与学术规范》编写组　编写

四川大学出版社

责任编辑：王　玮
责任校对：周　洁
封面设计：米迦设计工作室
责任印制：王　炜

图书在版编目(CIP)数据

学术道德与学术规范：信息化时代的要求与演进 / 四川大学《学术道德与学术规范》编写组编写. —成都：四川大学出版社，2018.7
（四川大学素质教育系列丛书）
ISBN 978-7-5690-2137-0

Ⅰ.①学…　Ⅱ.①四…　Ⅲ.①研究生-学术研究-道德规范　Ⅳ.①G644

中国版本图书馆 CIP 数据核字（2018）第 171617 号

书名　学术道德与学术规范——信息化时代的要求与演进

编　　写　四川大学《学术道德与学术规范》编写组
出　　版　四川大学出版社
地　　址　成都市一环路南一段 24 号 (610065)
发　　行　四川大学出版社
书　　号　ISBN 978-7-5690-2137-0
印　　刷　四川永先数码印刷有限公司
成品尺寸　155 mm×230 mm
印　　张　11.5
字　　数　114 千字
版　　次　2018 年 7 月第 1 版
印　　次　2021 年 8 月第 3 次印刷
定　　价　42.00 元

◆读者邮购本书，请与本社发行科联系。
电话：(028)85408408/(028)85401670/
(028)85408023　邮政编码：610065
◆本社图书如有印装质量问题，请寄回出版社调换。
◆网址：http://press.scu.edu.cn

前　言

“学术”二字，对于从事学术研究的学者和接受高等教育的大学生来说是再熟悉不过的了，然而，细细品味二字的含义，又能品出多少责任与义务呢？

《辞海》对“学术”的解释是“专门的、有系统的学问”，是人们对专门问题在原有知识基础上以追求客观性为目标而进行的创新性活动的成果。1901 年，严复在其译著《原富》的按语中对“学术”做了如下解释：“学者考自然之理，立必然之例。术者据既知之理，求可成之功。学主知，术主行。”1911 年，梁启超在一篇题为《学与术》的文章中说：“学也者，观察事物而发明其真理；术也者，取所发明之真理致诸用者也。”二位先生对学术的理解可分解为：学——对“理”的追求；术——对“理”的运用。

严、梁二位先生的上述解释，不仅说明了学术内容上的二元结构，而且说明了学术研究的重要意义和途径。学术研究是根据现有知识、经验对未知的科学问题进行假设、分析和探索的过程，是推动科学技术不断发展的创造性劳动，是人类科学知识创新、积累的重要途径。所以“累积效应”是学术的重要属性，“原创性”是学术研究的基本准则。

学术作为“专门的、有系统的学问”，正是一代代学者在前人的基础上以“追求真理，造福人类”为己任，不断刻苦钻研、百折不挠、顽强奋斗的结果。诸多关于“科技史”的著作认为，科学技术是人类文明的重要组成部分，是支撑文明大厦的主要基石，是人类发展和社会进步的革命力量，特别是这种特殊的累积效应使得科学知识在改造客观世界的过程中也改造了人类本身，发展了人类自身的聪明才智。这是一代代献身于学术研究的科研工作者的无上荣光！

然而，近年来，国内外学术界学术不端现象屡被曝光，一些学术研究者违背学术研究目的，或急功近利、粗制滥造，或媚于世俗、热衷炒作。更有甚者，为了换取一时之名利，或通过抄袭、剽窃等手段把别人的劳动成果据为己有，或修改原始数据以自圆其说……这些学术不端行为虽属个别现象，但其危害是巨大的：首先，学术不端违背学术研究的原创性这一基本准则，影响甚至破坏学术的累积效应，造成社会资源和财富的巨大浪费；其次，学术不端行为践踏科学的公正性，严重降低科学的公信力；第三，学术不端行为严重破坏良好的学术生态，侵犯科学发现的优先权，败坏学术风气，不利于学术新人健康成长。

学术不端行为屡禁不止，全社会都在关注学术界的学术道德建设。学术界的知识分子不仅是知识与真理的发现者、传播者，更应该是一个民族文明和良知的最坚定的守望者。清代学者郑珍的名言——“学术正，天下乱，犹得持正者以治之；至学术亦乱，而治具且失矣”——对学术界的重要作用更是肯定有加。中国传统文化强调立德、立功、立言，“立德”居于首位，欲修学，先立身。四川大学的源头之一——四川尊经书院创办时，创办人张之洞确立了“首励以廉耻，次勉以读有用之书”的原则。四川大学的另一源头为锦江书院。曾任院长的于德培先生曾经撰写了一副楹联：“有补于天地曰功，有益于世教曰名，有精神之谓富，有廉耻之谓贵；不涉鄙陋斯为文，不入暧昧斯为章，溯乎始之谓道，信乎己之谓德。”这副楹联应该说从传统道德的角度为学术界树立了鲜明的价值追求，其中蕴含着深刻的学术道德内涵。

高等教育肩负着为社会主义现代化建设培养大批拔尖创新人才的重任，今天的大学生就是明天国家科技创新的生力军，强化大学生学术道德教育对造就一支为我国未来科技事业献身、道德高尚、业务精湛的人才队伍具有重要意义。学术道德教育的目标是教育学生从“道义”上应该怎样做研究，专业教育的目标是教育学生从“技术”上应该怎样做研究，因此学术道德教育和专业培养是大学生教育的两大支点。

21 世纪的大学生要重视自身学术道德的修炼和学术规范的学习，不论在现在的学习还是在未来的科学研究中，都要自觉从我国优秀传统文化中汲取营养，自觉坚持追求真理的科学精神，自觉树立尊重科学规律、崇尚严谨求实的治学态度，自觉培养勇于探索、锐意进取的创新意识，恪守职业道德，维护科学诚信，像珍惜生命一样珍惜自己的学术声誉，确保科研过程和学术成果的“廉”与“洁”。

目　录

第一章　学术道德及其基本内涵…………………… 001

一、学术道德的概念…………………………………… 001

二、学术道德的基本内容……………………………… 002

第二章　学术规范的基本要求………………………… 012

一、考试和作业环节的规范…………………………… 012

二、学术论著（学术论文、学位论文）的写作规范
…………………………………………………………… 012

三、科研项目的申请与实施规范……………………… 031

四、其他学术环节的规范原则………………………… 033

第三章　学术不端行为的界定………………………… 037

一、重复提交…………………………………………… 038

二、作业作假…………………………………………… 038

三、考试违纪…………………………………………… 039

四、考试作弊…………………………………………… 039

五、抄袭………………………………………………… 039

六、剽窃………………………………………………… 040

七、篡改………………………………………………… 043

八、伪造…………………………………………………… 043
九、一稿多投和重复发表…………………………………… 044
十、引用不规范……………………………………………… 047
十一、其他学术不端行为的界定…………………………… 047
第四章　案　例……………………………………………… 048
一、科学精神的案例………………………………………… 048
二、学术不端行为案例……………………………………… 053
第五章　信息技术背景下的挑战与治理…………………… 069
一、全民监督时代的到来…………………………………… 070
二、抄袭侦测技术的发展…………………………………… 081
三、在线同行评议系统的优化……………………………… 088
四、数据发表与保存的新要求……………………………… 094
参考文献…………………………………………………… 099
附录一　国务院学位委员会关于在学位授予工作中加强学术道德和学术规范建设的意见 …………………………………… 101
附录二　国家教育考试违规处理办法 ……………………… 105
附录三　学位论文作假行为处理办法 ……………………… 117
附录四　中国高等学校自然科学学报编排规范（修订版）（节选） ………………………………………………………… 121
附录五　中国高等学校社会科学学报编排规范（修订版）（节选） ………………………………………………………… 138
附录六　高等学校预防与处理学术不端行为办法 ………… 151

附录七　中共中央办公厅、国务院办公厅印发《关于进一步加强科研诚信建设的若干意见》 …………………… 161

后　记…………………………………………………………… 173

第一章　学术道德及其基本内涵

一、学术道德的概念

道德是在一定社会条件下形成的人们共同生活和行为的准则，它存在于社会成员的思想意识中，主要依靠舆论的力量以善恶、好坏、对错等观念对社会成员的行为进行评判，从而对社会成员的行为产生褒扬或约束的作用。作为一种社会意识形态，道德往往代表着社会的正面价值取向。

正如恩格斯指出的，每一个行业都各有各的道德[1]。行业的道德是从业者为了维护行业健康发展而形成的行为准则，或者称为从业者的职业道德。学术道德是在从事学术研究的主体（或称为学术共同体）中形成的，是学术研究主体在从事学术研究活动过程中，处理人与人、人与社会、人与自然关系时所必须遵守的行为准则，是约束学术研究主体的基本价值规范。因此，学术道德作为社会道德的组成部分，既是由学术研究主体组成的学术共同体为了保证学术研究事业健康发展而形成的自我约束规范，体现了学者这个群体特殊的生命境界，又代表了全社会对学术研究者的价值期望。所以，简单说来，学术道德具有“裁定功能”、“导善功能”和“整合功能”[2]。

二、学术道德的基本内容

近年来，随着学术道德问题逐渐受到重视，该领域的论著虽然数量颇丰，却很难从中找到学术道德所包含的具体内容。我们只有循着从学术研究的基本客体——探索科学知识（包含自然科学和社会科学）和人文知识①所要求的“精神气质”出发探讨学术道德的基本内容。这种精神气质，是指用以约束学者的有感情色彩的一套规则、规定、惯例、信念、价值观的基本假定的综合体[3]，它们在内容上与通常所论的“科学精神”“人文精神”乃至更广泛的“学术伦理”相契合。实际上，如果一个学者始终坚持“科学精神”“人文精神”“学术伦理”，那么现在社会上出现的学术不端、学术腐败问题就可以根除。因此，学术道德作为一种道德要求和职业操守，把坚持“科学精神”“人文精神”“学术伦理”作为其基本内容是可行的。

---

① 主要参见汪信砚：《人文社会科学研究的学术规范与学风建设》，载《江汉论坛》2009年第12期，第113—119页。

（一）科学精神

概括说来，科学是反映客观世界（包含自然界、社会和思维领域）事物及其运动发展规律的知识体系，以及组织科学活动的社会建制[4]。科学精神是在科学发展中所形成的思维方式、价值取向、行为规范，是科学工作者应有的意志、信念、气质、品质、责任感、使命感的总和，是人类理性精神的集中体现，是科学赖以生存发展的精神动力和精神源泉。

不同的论著对科学精神内涵的概括有所不同。例如，黄瑞雄引用 1995 年出版的《自然辩证法百科全书》，认为科学精神的内涵体现在以下四个方面：实证精神（亦称为求实精神）、怀疑与批判精神、开放精神、民主精神。“显然地，科学精神是从科学及其评判标准引申出来。从其最基本的内涵是实证、批判、开放、民主等精神来看，又可以将其最基本的要求概括为‘求真务实，开拓创新’。一句话就是实事求是的精神。”同时，他认为科学精神及其基本内涵从根本上要求科研工作者必须具有以下三种意识和态度：怀疑的意识、批判的理性、谦恭的态度[4]。

李思孟认为，科学的本质是求知，求知是科学精神的根本。有人将科学精神归纳为实证精神、怀疑精神，这些都是保证求知精神的引申[5]。

陈荣富等认为，科学是一种探索客观规律的理性活动，是追求真理的艰难历程，因此科学精神首先是不畏艰险的求知探索精神。同时，科学作为一种理性活动，其目的是求真，所以“求真务实”是科学精神最本质的特征。他们在论证马克思、恩格斯科学精神的时候，饱含严谨的科学态度和不畏艰辛的探索精神，对待自己研究成果的虚怀若谷和严格的自我批评精神、批判精神和创新精神，对不同学派和不同学术观点的宽容精神和公平精神，等等[6]。

总之，尽管不同学者的具体表述不尽相同，但对科学精神求知、求真的根本把握，与在此基础上引申出的理性精神、创新精神、怀疑与批判精神、虚心态度、分析精神、协作精神、民主精神、包容开放精神等都是在科学研究中应该坚持的学术道德的具体内容。

（二）人文精神

概括地讲，人文精神就是主体精神，是对人性、人的主体地位和价值尊严的关注，是关于人的生命、生活、幸福、生存意义的终极关怀和价值取向。换言之，“人文精神是人之为人的一种理性意识、情感体验、生命追求、理论阐释、评价体系、价值观念和实践规范，是人类以文明之道大化于天下的生命大智慧”[7]。

科学精神的本质是“求真”，人文精神的本质是“求善”，它们是人类在实践中创造、积累起来的最为宝贵的两种精神，从本质上讲，二者是共生互补的关系。实际上，科学本身并没有善与恶的区分，而利用科学理论开发出来的技术就存在价值判断的问题。科学技术研究什么，不研究什么，其成果用于什么，不用于什么，因使用的人不同而出现了善恶之分。这通过科学精神是无法驾驭的，只能把希望寄托在为人文精神所武装的科研工作者身上。

有人形象地把科学精神比喻为机车的发动机，则人文精神就是机车的制衡器。没有发动机，机车就失去了前进的动力；如果只有发动机而没有制衡器，其动力系统的作用也不能正常发挥，甚至会带来灾难性的后果。历史与现实都为此提供了鲜活的事例，原本在历史上紧密融合的科学精神和人文精神，由于西方启蒙运动的兴起、宗教神学统治的崩溃、自然科学的兴起及西方工业社会的空前发展而逐渐分离。人们充分享受着科学技术带来的丰富物质财富，对科学知识推崇备至。19 世纪末期到 20 世纪二三十年代出现的把科学精神与人文精神严重对立的思潮，使“自然科学逐渐占据了人类思维的中心，而人文科学的阵地则逐步陷落”[8]。自然科学与人文科学发展的不协调性和人文精神的衰落使人类生存的危机也悄然而至，环境问题、资源枯竭问题、极端天气现象的增多，以及贫富悬殊、人性扭曲、道德滑坡等日渐严重，促使人们呼吁重建人文精神。

科学技术往往与物质利益相联系，特别是在市场经济条件下，如何制约市场经济追求利润最大化的目标对人性的扭曲，人文精神作为人类共同生活秩序赖以存在、延续的理性基础，作为人们追求正当物质利益的精神保障，更加凸显了其现实作用①。

（1）确立以“人类自觉提出的、规范自己共同生活秩序的基本法则”为核心的意识形态。任何制度的社会都离不开人们的自觉组织与自觉规范。人类最伟大的发明创造，是创造出了规范他们共同生活的秩序以及由此而构成的他们赖以生存的社会组织。这一创造的核心就是提出贯穿于习俗、传统、道德、法律、制度等之中的价值法则——人们根据自己认为最重要、最符合自己根本利益的那种人与人的关系所确定的社会秩序的基本法则。

（2）确立社会大众在实际生活中所信仰、所奉行的价值信念以及以此为核心的人生准则。为了约束个人固有的自然本能，为了规范人们相互冲突的物质利益，某种人文秩序的确立必须有强制力量的支持，这种力量来源于人民大众在人文精神的教化下形成的价值理想和价值信念。外在秩序契合于人们的内心规范，也就获得了最坚实的基础。大众共同的理想和信念，是生活秩序和社会制度存在、维系、延续的基础。反之，人们共同的理想、信念丧失了，再强大的国家、再富有的社会，也难免会解体、灭亡。价值信念方面的混乱与茫然是社会危机最深刻的

① 主要参见吕嘉：《关于人文精神的哲学思考》，载《人文杂志》2000 年第 5 期，第 15—19 页。

根源。

（3）将自然的人塑造为文明的、社会的人。人文精神主导的价值判断引导人们摆脱人作为生物意义上本能需要的局限，而遵循以价值信念为核心的人生准则。所以，人文精神的目标是“使人成为真正的人”，同时也显示了人文精神的教化倾向。

总之，人文精神与物质利益本身并不矛盾，人文精神对人的生活、生命、幸福的关注，本身也包含人对物质的需求与满足，只是要将人类的自然本能要求转变为具有特定文化、社会意义或内涵的人的需要。

（三）科学伦理

伦理学是关于人类道德问题的学问。“道德与科学的关系问题是伦理学的大问题。新康德主义者文德尔班认为，伦理学的价值世界、价值命题和科学的事实世界、事实命题的关系是：前者高于后者，后者从属于前者。……这种‘高’是从逻辑在先的意义上说的。”[9]科学伦理肩负着规范并引导科学的发展以归正社会的进步方向，保障人类社会可持续发展的重任。

从内容上讲，人文精神与科学伦理有重合的部分，但人文精神是人的主体精神，以人的尊严为关注点，科学伦理的视野更广泛。本书同意张九庆在《自牛顿以来的科学家》一书中的观点，把科学伦理道德分为两个部分：职业伦理道德和社会伦理道德。前者的讨论实际上是从科学作为一个职业的角度狭义地论述科技的伦理道德，而社会伦理道德关注的是科研工作者在科技活动中应如何和怎样承担社会责任问题[10]。

即便作为职业伦理道德的狭义科学伦理涉及的范围也很广，如作为样本的被调查者的知情权问题，甚至在医学、生物学实验中的动物权利等。这里主要关注的是科学伦理中的社会伦理道德，即科学研究行为的社会责任问题。

科学研究本应是自由的，在这种情况下，从理论上讲科研工作者只要坚守科学伦理，科学研究的行为及结果还是可以掌控的。但事实是，现实中科学研究总会受到多种诱惑、势力的干扰，当科学与伦理发生冲突时，科研工作者做出的价值判断就体现了其社会责任感。

在这里直接引用张九庆在《自牛顿以来的科学家》一书中提出的科学伦理“五统一”的理想原则①：

(1) 利益主义与人道主义的统一。利益主义原则要求科学研究首先是为人类谋福利，把人类的利益作为评价和选择科技活动的准则。而这里的利益不是一个地区、一个国家的利益，而是全人类社会的整体利益。人道主义原则要求任何科学研究要尊重，至少不危及和损害人类的生

---

① 以下五点原文引自张九庆：《自牛顿以来的科学家》第 6 章，安徽教育出版社，2002 年。

存、健康和安全。当利益主义与人道主义发生冲突时，科学家的选择是坚持不伤害原则：对明显危及人道的科学问题不参与，对隐含的伦理问题提出警示。

（2）人本主义与自然主义的统一。人本主义要求科学研究首先以人为中心进行，人类是自然界的主人，人类生存的目的主要是征服自然、改造自然。自然主义原则要求科学研究把自然界的生物和人类等同对待，把人类的"善"、"尊重"和"公正"等基本伦理原则扩大到生物界，主张重新确定人在自然界的位置。当人本主义和自然主义发生冲突时，科学家必须坚持适度和谐原则：在保证人类生存的前提下，科学家必须提出相应的技术措施，尽量减少对自然界的生物的破坏，对遭受威胁的生物进行及时的保护。

（3）爱国主义与国际主义的统一。科学是没有国界的，但科学家是有国籍的。祖国的利益高于一切是一国科学家的基本素质。爱国主义原则要求科学研究把国家利益放在首位，国际主义原则要求科学符合大多数国家的利益。当国家利益与全人类利益一致时，科学家能够坦然从事科学研究。当二者发生冲突时，科学家必须做出选择：任何国家和地区的发展不能以损害其他国家和地区的利益为代价，尤其是发达国家的发展不能以损害发展中国家的利益为代价，强国的发展不能以牺牲弱国的利益为代价。

（4）个人主义和社群主义的统一。科学伦理要正确反映和体现个体与集体之间的辩证关系，一方面要承认个体的意义与价值，充分尊重个体的利益和权利，特别是个体生命的权利；另一方面，也必须肯定集体的意义与价值，坚决维护集体的利益和权利。要因时因地估量各种具体情况，调节它们之间的关系，尽量兼顾二者。科学伦理强调和坚持的是为大多数人服务的原则，既包括在个体利益与整体利益一致时的多数人，也包括当两者之间发生矛盾冲突时少数服从多数的那些多数人。

（5）现实主义和未来主义的统一。现实主义者认为科学研究应该从人类的现状出发，首先是解决现实问题，未来主义要求科学研究要照顾到未来。现实主义者把人类目前的利益放在第一位，认为未来是不可预测的。未来主义则强调这一代人应当关注下一代人的可持续发展，不能以牺牲子孙后代的利益为代价。当现实主义和未来主义发生冲突时，科学家应该坚持及时补救原则：以现实的人类生存为第一要义，同时对破坏未来的种种后果预先提出警示，并及时提供采取补救措施的技术路线。

以上五点是理想原则，坚持起来很难，但有良知的科研工作者应该努力践行“五统一”。

总之，学术道德教育的目的主要有两个：第一，力求使科研工作者树立明确的学术是非观念，培养其强烈的道德自觉性和学术自律意识；第二，让学生充分了解相关学术规范，使他们成为具有学术道德行为能力的学术新生力量。本章主要强调道德意识，在写作上没有严格要求概念的严密性，本着“宁多勿缺”的原则罗列了科学精神、人文精神、科学伦理对科研工作者的要求。在后续的章节中将主要介绍学术规范，即如何从“技术”上实现学术道德要求。

第二章　学术规范的基本要求

一、考试和作业环节的规范

所有的考试都应独立完成。开卷和闭卷考试应遵守考场纪律，服从考场工作人员的安排与要求，正确填写个人信息。以论文形式完成的考试，需直接引用或同义表述他人观点的，必须做出正确的引用说明。实验类考试，应遵守考场实验室的安全规定和各项要求。

所有提交的作业应独立完成。对于任课教师明确说明需要合作完成的工作，应严格按照关于合作的具体要求完成。

二、学术论著（学术论文、学位论文）的写作规范

根据《科学技术报告、学位论文和学术论文的编写格式》（GB/T 7713—1987）的定义，学术论文是某一学术课题在实验性、理论性或观测性上具有新的科学研究成果

或创新见解和知识的科学记录；或是某种已知原理应用于实际中取得新进展的科学总结，用以提供学术会议上宣读、交流或讨论；或在学术刊物上发表；或做其他用途的书面文件。

根据《学位论文编写规则》（GB/T 7713.1—2006）的定义，学位论文是标明作者从事科学研究取得的创造性成果和创新见解，并以此为内容撰写而成、作为提出申请授予相应的学位评审用的学术论文。

学术论文和学位论文作为个人学术成果的汇报，在内容上应做到观点清晰、内容翔实、论据充分、数据可靠、文字简练，并具有创新性、探索性和较高的学术价值；在形式上应做到要素完整、格式规范。论文一般应包括题名、署名、摘要、关键词、正文、参考文献等部分。学术论文就是用文字、数字和图表等将有关科学研究的过程、方法和结果，用书面的方式向其他人公布的一种信息传递形式。

以下关于学术论著的基本写作规范主要参照《科学技术报告、学位论文和学术论文的编写格式》（GB/T 7713—1987）、《学位论文编写规则》（GB/T 7713.1—2006）、《科技报告编写规则》（GB/T 7713.3—2014）和《中国高等学校自然科学学报编排规范（修订版）》，各专业刊物对投稿论文又有具体要求。

（一）封面

封面是论文的外表面，提供应有的信息，并起保护作用。

（1）学位论文封面包括以下要素：

—— 分类号

根据论文的主题内容，对照分类法选取中图分类号、学科分类号、国际十进分类法的类号（UDC），著录在左上角。中图分类号一般选取 1～2 个，学科分类号标注 1 个。中图分类号参照《中国图书资料分类法》《中国图书馆分类法》，学科分类号参照《学科分类与代码》（GB/T 13745—2008）。

示例：中图分类号 G250.7　学科分类号 870.3055

—— 论文编号

由单位代码和年份（后两位）及四位序号组成。

示例：ISTIC 03－0034（中国科学技术信息研究所 2003 年第 0034 号学位论文）

—— 密级

按国家规定的保密等级及代码，在右上角论文编号下注明（参见 GB 7156—2003《文献保密等级代码与标识》）。

—— 学位授予单位

学位授予单位指授予学位的机构，机构名称应采用规范全称。

—— 学位论文名称

按照《中华人民共和国学位条例暂行实施办法》的规定进行标注。如：学士学位论文、硕士学位论文、博士学位论文等。

—— 题名

题名应标注在学位论文名称下明显位置。题名以简明的词语反映论文最重要的特定内容（不超过 20 字），应避免使用不常用缩略词、首字母缩写字、字符、代号和公式等。

题名用词必须考虑有助于选定关键词和编制题录、文摘等二次文献，可以提供检索用的特定实用信息。

在整篇学位论文中的不同地方出现时，题名应完全相同。学位论文如是基金资助项目，应将基金注释在题名所在页下的“地脚”位置。

—— 责任者姓名

责任者包括论文的作者、作者的导师、评阅人、答辩会主席等。必要时可注明个人责任者的姓名、职称、学位、学习工作单位、地址与邮编。

如责任者姓名有必要附注汉语拼音时，必须遵照国家规定，即姓在名前，名连成一词，不加连字符，不缩写。

—— 工作完成日期

日期包括论文提交日期、学位论文答辩日期、学位授予日期、出版部门收到日期（必要时）。

—— 出版项

出版地及出版者名称，出版年、月、日（必要时）。

（2）学位论文的封二可作为封面标识项目的延续，如版权规定、其他应注明项目等。

（二）题名

题名是文章的旗帜，它用于揭示主题，体现文章的中心内容。题名要以最恰当、最简明的词语反映论文、报告中最重要的特定内容的逻辑组合，要与文章内容风格一致，合乎语法要求，并要有诱读力。

题名要符合编制题录、索引和检索的有关原则，用词必须考虑到有助于选定关键词和编制题录、索引等二次文献可以提供检索的特定实用信息，并避免使用不常见的缩略词、首字母缩写字、字符、代号和公式等。中文题名一般不超过 20 字，必要时可加副题名。用作国际交流时，应有外文（多用英文）题名。外文题名一般不宜超过 10 个实词。

根据《学位论文编写规则》，题名页是论文的内封面，置于封二或衬页之后、正文之前，另页起。题名页是对学位论文进行著录的依据。题名页著录内容除包括封面上的中图分类号、学科分类号、论文编号、密级、授予学位单位、学位论文名称、论文题名、作者姓名、导师姓名、出版单位、出版印刷日期数据外，还包括关键词、资助基金项目、学习单位、学科名称、研究方向、学制、论文提交日期、申请学位级别、导师职称、授予学位名称、工作单位等数据。

1. 关键词

关键词是为用户查找文献，从文中选取出来用以揭示全文主题内容的一组词语或术语。每篇论文可选取 3～8 个关键词。关键词排在出版单位的左上方，应尽量采用词表中的规范词。

2. 资助基金项目

资助基金项目指论文产生的资助背景，属于论文题名注释，可著录在题名所在页下的“地脚”位置。

示例：国家自然科学基金资助项目（59637050）

3. 培养单位

培养单位指培养学位申请人的单位或学校。

4. 学科名称

学科名称是指学位申请人主修学科的名称，参照国务院学位委员会办公室、教育部颁布的《授予博士、硕士学位和培养研究生的学科目录》。

5. 研究方向

研究方向指学位申请人学习时研究的课题。

6. 申请学位级别

申请学位级别指按《中华人民共和国学位条例暂行实施办法》规定的名称进行申请的学位级别。如文学学士、医学硕士、工学博士等（参照 GB/T 6864—2003《中华人民共和国学位代码》）。

7. 授予学位名称

授予学位名称是指答辩委员会通过，并经有关部门批准的学位（参照 GB/T 6864—2003《中华人民共和国学位代码》）。

（三）署名

署名是作者对作品负责和拥有著作权的标志，应置于文章题名下方，必要时可注明作者职务、职称、学位、所在单位名称及地址等信息。

合著者署名时应注意署名者必须对研究工作做出过实质贡献，参与论文写作并对论文内容承担相应责任。合著者的署名之间用逗号分隔，一般按贡献大小排列名次。团体作者应署团体名，同时还应署出执笔者姓名。如署名有必要附注汉语拼音时，必须遵照国家规定，即姓在名前，名连成一词，不加连字符，不缩写，首字母大写。译文的署名，应当著者在前，译者在后，著者前用六角括号标明国籍。

根据《学位论文编写规则》，导师简介应包括姓名、性别、出生年月日、民族、出生地、学位、职称、学历、工作经历（职务）、著作与成就、联系方式等。作者简介应包括姓名、性别、出生年月日、民族、出生地、学位、职称、学历、工作经历（职务）、著作与成就、联系方式等。

（四）摘要

摘要又称概要、内容提要，是对论文具体内容的简短陈述，一般置于题名和作者名之后、正文之前。摘要的基本要素包括研究目的、方法、结果和结论，是读者进行检索和初步了解文章内容的重要途径。具体地讲，摘要内容包括研究工作的主要对象和范围、采用的手段和方法、得出的结果和重要的结论，有时也包括具有情报价值的其他重要的信息。

根据《学位论文编写规则》，摘要是学位论文的内容不加注释和评论的简短陈述，一般应另页置于题名页之后。

学位论文应有摘要，为了国际交流，还应有外文（多用英文）摘要。摘要应具有独立性和自含性，即读者不阅读论文的全文就能获得必要的信息。摘要中应有数据、有结论，是一篇完整的短文，可以独立使用，可以引用。摘要的内容应包含与报告、论文等同量的主要信息，供读者确定有无必要阅读全文，也可供二次文献（文摘等）采用。摘要一般应说明研究工作目的、实验方法、结果和最终结论等，重点是结果和结论。

中文摘要一般不宜超过 200～300 字，外文摘要不宜超过 250 个实词。如遇特殊需要字数可以略多，具体参照各专业期刊的要求。除了实在无变通办法可用以外，摘要中不用图、表、化学结构式、非公知公用的符号和术语。

（五）关键词

一般学术论文的关键词是为了便于文献索引和检索而

选取的能反映论文主题概念的词或词组，每篇论文可选取3～8个关键词。

关键词要另起一行，排在摘要的下方，应尽量采用《汉语主题词表》等词表提供的规范词，未被词表收录的新学科、新技术中的重要术语和地区、人物、文献、产品及重要数据名称，也可作为关键词标出。多个关键词之间用分号隔开，中、英文关键词应一一对应。

（六）序言（前言、绪论）

序言（前言、绪论）是学术论著的开头部分。学术论著的序言主要说明研究工作的目的和范围、国内外相关研究概述、相关领域的前人工作和知识空白、研究设想和方法、研究的预期结果和意义等。一般的学术论文可以只用小段文字用作序言，序言应开门见山，言简意赅，不要与摘要雷同或成为摘要的注释，避免公式推导和一般性的方法介绍。学位论文的序言可以单独成章，用来反映作者确已掌握了坚实的基础理论和系统的专门知识，具有开阔的科学视野，对研究方案做了充分论证。序言部分可以包含文献评论的环节，说明自己的研究与以往研究的关系。序言部分还应有方法介绍的环节，介绍包括学术研究中使用的资料收集方法和资料分析方法的说明，即对研究设计（研究方式、研究对象、研究变量）的说明，同时还要对研究质量和研究的局限性进行说明，进而逐步改进和完善研究设想。

学位论文的序言（前言）并非必备。它一般是作者或他人对本篇论文基本特征的简介，如说明研究工作缘起、背景、主旨、目的、意义、编写体例，以及资助、支持、协作经过等，也可以评述和对相关问题发表意见。这些内容也可以在正文引言中说明。

引言（绪论）简要说明研究工作的目的、范围、相关领域的前人工作和知识空白、理论基础和分析、研究设想、研究方法和实验设计、预期结果和意义等，应言简意赅。

为了反映论文作者确已掌握了坚实的基础理论和系统的专门知识，具有开阔的科学视野，对研究方案做了充分论证，因此，学位论文中有关历史回顾和前人工作的综合评述以及理论分析等，可以单独成章，专门叙述。

（七）正文部分

正文是学位论文的核心部分，占主要篇幅，可以包括调查对象、实验和观测方法、仪器设备、材料原料、实验和观测结果、计算方法和编程原理、数据资料、经过加工整理的图表、形成的论点和导出的结论等。

由于研究工作涉及的学科、选题、研究方法、工作进程、结果表达方式等有很大的差异，对正文内容不能做统一的规定。但是，正文必须实事求是，客观真切，准确完备，合乎逻辑，层次分明，简练可读。

1. 层次标题

层次标题是指除文章题名外的不同级别的分标题。各级层次标题都要简短明确，同一层次的标题应尽量做到词（或词组）类型相同（或相近），意义相关，语气一致。各层次标题要醒目，字体与正文字体要有明显的区别。

各层次标题一律用阿拉伯数字连续编号，不同层次的数字之间用下圆点“.”相隔，末位数字后面不加点号，各层次的序号均左顶格起排，后空一个字距接排标题。

2. 图

图包括曲线图、构造图、示意图、图解、框图、流程图、纪录图、布置图、地图、照片、图版等。

图应具有“自明性”，即只看图、图题和图例，不阅读正文，就可理解图意。

图应有编号。图的编号由“图”和从“1”开始的阿拉伯数字组成，图较多时，可分章编号。

图宜有图题。图题即图的名称，置于图的编号之后。图的编号和图题应置于图下方的居中位置。

曲线图的纵横坐标必须标注“量、标准规定符号、单位”。此三者只有在不必要标明（如无量纲等）的情况下方可省略。坐标上标注的量的符号和缩略词必须与正文中的一致。

照片图要求主题和主要显示部分的轮廓鲜明，便于制版。如用放大缩小的复制品，必须清晰，反差适中。照片上应有表示目的物尺寸的标度。

3. 表

表的编排，一般是内容和测试项目由左至右横读，数据依序竖读。表的编排建议采用国际通行的三线表。

表应具有“自明性”，即只看表、表题，不阅读正文，就可理解表义。

表应有编号。表的编号由“表”和从“1”开始的阿拉伯数字组成，表较多时，可分章编号。

表宜有表题，表题即表的名称，置于表的编号之后。表的编号和表题应置于表上方的居中位置。

如某个表需要转页接排，在随后的各页上应重复表的编号。编号后跟表题（可省略）和“(续)”，置于表的上方。

续表均应重复表头和关于单位的陈述。

4. 公式

正文中的公式、算式或方程式等应编排序号，序号标注于该式所在行（当有续行时，应标注于最后一行）的最右边。文章中重要的或后文要重新提及的数学式、反应式等可另行起排，并用阿拉伯数字连续编序号。序号加圆括号，右顶格排。

数学公式需转行，用两行或多行来表示时，只能在紧靠其中符号“＝”“＋”“－”“±”“×”“·”“/”等处转行。上下行尽可能在等号(“＝”)处对齐。

化学实验式、分子式、离子式、电子式、反应式、结构式和数学式等的编排，应遵守有关规定。反应式中的反应条件应用比正文小一号的字符标注于反应关系符号的上下方。

5. 计量单位

计量单位的定义和使用应严格执行 1984 年 2 月 27 日国务院发布的《中华人民共和国法定计量单位》的规定。单位名称和符号的书写方式一律采用国际通用符号。有计量单位如需用市制表示，应注明换算后的法定计量单位。论文正文和图表中使用的计量单位需保持一致。

6. 引用

引用一般分为直接引用和间接引用两种情况。直接引用指直接抄录原文，引文前后需使用引号；间接引用指综合转述他人观点和理论，引用时必须加以标注。凡引用他人作品和观点，必须遵照《中华人民共和国著作权法》和《中华人民共和国著作权法实施条例》相关规定，注明作者姓名、作品名称和作品出处，并注意尊重文献原文，不可断章取义。

7. 注释

注释是对论文中语汇、内容、背景、引文等所做的解释和说明。注释可分为夹注、脚注和尾注。夹注即在正文中或图表中注释，一般在需要注释的内容后加上括号，在括号内写明注文。脚注是在文本中需要注释的地方用序号标注，将注释内容置于本页下端，注释序号一般以圈码放在加注处右上角。尾注是把注释集中在论文的末尾。

8. 文字

论文写作用文字应符合《出版物汉字使用管理规定》，遣词造句应符合现代汉语规范，除专业要求和写作需要外，避免使用旧体字、异体字和繁体字。

9. 标点符号

标点符号的使用应遵照《标点符号用法》（GB/T 15834—2011）的有关规定。除前引号、前括号、破折号、省略号外，其余都应紧接文字后面，不能排在行首。标示著作名、文章名、文件名、刊物名、报纸名等均用书名号，当书名号中还需要书名号时，里面一层用单书名号，外面一层用双书名号。用数字简称的会议或事件，只在数字前后加引号。用地名简称的，不加引号。

10. 数字

数字的使用执行《出版物上数字用法的规定》（GB/T 15835—2011），凡公历世纪、年代、年、月、日、时刻和各种记数与计量（包括正负数、分数、小数、百分比、约数），要求使用阿拉伯数字。定型的词、词组、成语、惯用词、缩略语或具有修辞色彩的词语中作为语素的数字，必须使用汉字。相邻的两个数字并列连用表示概数，必须使用汉字，连用的两个数字之间不得用顿号（“、”）隔开。

其他未涉及的论文写作格式要求，科技报告可参照《科技报告编写规则》（GB/T 7713.3—2014），学术论文建议参照《科学技术报告、学位论文和学术论文的编写格式》(GB/T 7713—1987)执行。

（八）结论（或结语）

论文的结论是最终的、总体的结论，不是正文中各个小结的简单重复。结论应该准确、完整、明确、精练。

如果不可能导出应有的结论，也可以就没有结论而进行必要的讨论。

可以在结论或讨论中提出建议、研究设想、仪器设备改进意见、尚待解决的问题等。

（九）后记、致谢

后记、致谢一般放在正文之后，应包括如下内容：

—— 对国家科学基金、资助研究工作的奖学金基金、合同单位、资助或支持的企业、组织或个人致谢。

—— 对协助完成研究工作和提供便利条件的组织或个人致谢。

—— 对在研究工作中提出建议和提供帮助的人致谢。

—— 对给予转载和引用权的资料、图片、文献、研究思想和设想的所有者致谢。

—— 对其他应感谢的组织和个人致谢。

（十）参考文献

参考文献是论文研究和写作过程中参考或引证的主要文献资料，是对一个信息资源或其中一部分进行准确和详细著录的数据，是位于文末或文中的信息源。

参考文献包括“专著”“专著中的析出文献”“连续出版物”“连续出版物中的析出文献”“专利文献”“电子资源”等不同分类。参考文献表可以按顺序编码制组织，也可以按著者-出版年制组织。引文参考文献既可以集中著录在文后或书末，也可以分散著录在页下端。阅读型参考文献著录在文后、书的各章节后或书末。列举参考文献须标明序号、著作或文章的标题、作者、出版物信息。

顺序编码制

参考文献表采用顺序编码制组织时，各篇文献应按正文部分标注的序号依次列出。

示例：

[1] BAKER S K, JACKSON M E. The future of resource sharing [M]. New York: The Haworth Press, 1995.

[2] CHERNIK B E. Introduction to library services for library technicians [M]. Littleton, Colo.: Libraries Unlimited, Inc., 1982.

[3] 汪冰. 电子图书馆理论与实践研究[M]. 北京：北京图书馆出版社，1997：16.

[4] 杨宗英. 电子图书馆的现实模型[J]. 中国图书馆学报，1996（2）：24-29.

著者-出版年制

参考文献表采用著者-出版年制组织时，各篇文献首先按文种集中，可分为中文、日文、西文、俄文、其他文种5部分，然后按著者字顺和出版年排列。中文文献可以按著者汉语拼音字顺排列，也可以按著者的笔画笔顺排列。

示例：

尼葛洛庞帝，1996. 数字化生存[M]. 胡泳，范海燕，译. 海口：海南出版社.

汪冰，1997. 电子图书馆理论与实践研究[M]. 北京：北京图书馆出版社：16.

杨宗英，1996. 电子图书馆的现实模型[J]. 中国图书馆学报（2）：24-29.

BAKER S K，JACKSON M E，1995. The future of resource sharing[M]. New York：The Haworth Press.

参考文献的著录方式应按《信息与文献　参考文献著录规则》（GB/T 7714－2015）的规定执行，具体要求如下：

（1）正文中引用的文献的标注方法可以采用顺序编码制，也可以采用著者-出版年制。

顺序编码制是按论文中引用的文献出现的先后顺序连续编码，将序号置于方括号中。如果顺序编码制用脚注方式时，序号可由计算机自动生成圈码。

正文引用的文献采用著者-出版年制时，各篇文献的标注内容由著者姓氏与出版年构成，并置于“（ ）”内。倘若只标注著者姓氏无法识别该人名时，可标注著者姓名，例如中国人、韩国人、日本人用汉字书写的名字。集体著者著述的文献可标注机关团体名称。倘若正文中已提及著者姓名，则在其后的“( )”内只著录出版年。

（2）参考文献著录项目包括必备项目和选择项目：主要责任者，题名项［题名、其他题名信息、文献类型标识(任选)］，其他责任者（任选），版本项（初版不著录），出版项（出版地、出版者、出版年、引文页码、引用日期），获取和访问路径（电子资源必备）、数字对象唯一标识符（电子资源必备）。

（3）著作方式相同的责任者不超过 3 个，全部照录。超过 3 个，只著录前 3 个责任者，其后加“，等”或与之相应的词。作者姓名之间用“,”分开。无责任者或者责任者情况不明的文献，“主要责任者”项应注明［佚名］或与之相应的词。凡采用顺序编码制组织的参考文献可省略此项，直接著录题名。

（4）参考文献类型及标识代码分为普通图书 M 、会议录 C、报纸 N、期刊 J、学位论文 D、报告 R、标准 S、专利 P、数据集 DS、舆图 CM、汇编 G、档案 A、其他未说明的文献类型 Z、数据库 DB、计算机程序 CP、电子公告 EB。

电子资源载体类型及其标识代码分为磁带（magnetic tape）MT、磁盘（disk）DK、光盘（CD-ROM）CD、联机网络（online）OL。

（5）参考文献著录格式必须规范。由于国家标准《信息与文献　参考文献著录规则》（GB/T 7714－2015）与《中国高等学校自然科学学报编排规范（修订版）》等具体要求在细节上有不一致之处，参考文献著录格式不再一一细讲。

（十一）附录

附录是论文主体的补充项目，并不是必需的。

下列内容可以作为附录编于论文后：

—— 为了整篇论文材料的完整需要编入，但编入正文又有损于编排的条理和逻辑性的材料。这一材料包括比正文更为详尽的信息、研究方法和技术更深入的叙述，建议可以阅读的参考文献题录及对了解正文内容有用的补充信息等。

—— 由于篇幅过大或取材于复制品而不便于编入正文的材料。

—— 不便于编入正文的罕见珍贵资料。

—— 一般读者并无必要阅读，但对本专业同行有参考价值的资料。

—— 某些重要的原始数据、数学推导、计算程序、框图、结构图、注释、统计表、计算机打印输出件等。

（十二）学位论文数据集

学位论文数据集由反映学位论文主要特征的数据组成，共33项：

A1 关键词＊，A2 密级＊，A3 中图分类号＊，

A4 UDC，A5 论文资助；

B1 学位授予单位名称＊，B2 学位授予单位代码＊，

B3 学位类别＊，B4 学位级别＊；

C1 论文题名＊，C2 并列题名，C3 论文语种＊；

D1 作者姓名＊，D2 学号＊；

E1 培养单位名称＊，E2 培养单位代码＊，

E3 培养单位地址，E4 邮编；

F1 学科专业＊，F2 研究方向＊，F3 学制＊，

F4 学位授予年＊，F5 论文提交日期＊；

G1 导师姓名＊，G2 职称＊；

H1 评阅人，H2 答辩委员会主席＊，H3 答辩委员会成员；

I1 电子版论文提交格式，I2 电子版论文出版（发布）者，I3 电子版论文出版（发布）地，I4 权限声明；

J1 论文总页数＊。

注：有星号（“＊”）者为必选项，共 22 项。

关于学位论文的编排，具体请参见《学位论文编写规则》（GB/T 7713.1—2006）的编排格式。

三、科研项目的申请与实施规范

为了促进科研工作的科学化、规范化管理，科研项目的申请和实施必须严格遵守相关规定和规范，以有效推进

科学研究发展，促进学术交流和相互协作。

（一）项目申请规范

研究人员在申报科研项目（或课题）前应在选题立项方面做好充分的文献调研及选题的“查新”等准备工作，并进行充分的可行性论证。选题应符合国家科技、经济和社会发展战略，具有一定的学术价值和创新意义，理论研究应结合国际科学发展趋势，注重探索并有所创新；应用类研究应侧重对科技进步和社会发展具有实际运用价值。

在申报立项的材料中，应真实客观地反映国内外研究现状，申报项目（或课题）的研究内容、目标和拟解决的问题，该项目（或课题）的研究意义、特色和创新点，拟采取的研究方案及可行性分析，目前的研究基础、工作条件，研究人员的科研水平和能力，年度研究计划和预期研究结果，研究经费概算等。申报时必须遵循实事求是的原则，严禁弄虚作假，通过不正当手段获取项目（或课题），如夸大学术价值和实用意义、剽窃他人研究成果、伪造个人信息、虚报个人研究成果、伪造专家评价或相关证明材料等。

（二）项目实施规范

科研项目（或课题）的实施应严格执行项目计划书，不得擅自变更研究内容或者研究计划，必须按期开展研究项目，并按照相关规定接受中期检查，确保按时完成目标任务，还应及时提交研究成果或报告[11]。

科研过程应始终诚实守信，坚持严谨细致、求真务实的科学态度，如实记录实验原始数据和结果，不得捏造、篡改数据和研究结果，禁止抄袭和剽窃他人研究成果和作品。在经费使用上，必须严格按照有关经费管理规定，合理使用科研经费，不得侵占、挪用项目（或课题）经费，并对经费使用的真实性、有效性和合理性承担相应责任。

四、其他学术环节的规范原则

（一）学术成果规范原则

学术成果应体现研究方法的科学性和严谨性，注重学术质量，反对粗制滥造和低水平重复，杜绝虚假实验数据或统计资料，不得以任何方式抄袭、剽窃或侵吞他人学术成果。

学术成果在署名时应实事求是，按照对研究成果实际贡献大小顺序排列，署名者应对该项成果承担相应责任。

学术成果的发表应遵守《中华人民共和国著作权法》等法律法规，严禁成果造假剽窃，未经他人同意不得将合作科研成果以个人名义发表；成果发表应通过正规渠道；学术成果不得重复发表[11]。

（二）学术评价规范原则

学术评价应坚持客观、公正、准确的原则，采用同行专家评审制，实行回避制度和民主表决制度，对评价对象应以学术价值或社会效益作为评价基本标准。评审时应措辞严谨、准确，慎用“原创”“首创”“首次”“国内领先”“国际领先”“世界水平”“填补重大空白”“重大突破”等词语[11]。评价机构和专家应对其评价意见负责，对其因虚假评价等不良行为造成的后果承担相应责任。

（三）学术批评规范原则

学术批评应以学术为本，以文本为中心，尊重他人，尊重他人学术成果，实事求是，以理服人，对相应学术观点、研究方法提出批评和思考，提出自身观点和意见，不得进行人身攻击，批评者应当正确使用学术批评权利，并必须承担相应责任。

同时，坚持“百花齐放，百家争鸣”的方针，积极倡导学术批评与争论，反对学术霸权和学术报复，积极推进不同学术观点之间的自由讨论、相互交流与学术争鸣。

（四）数据处理规范原则

学术研究结果应该建立在确凿的实验、试验、观察或调查数据的基础上，因此论著中的数据必须是真实可靠的，不能有丝毫的虚假成分。学术研究工作者应该忠实地记录和保存原始数据，不能捏造和篡改。虽然在论著中由于篇幅限制、写作格式等原因无法全面展示原始数据，但是一旦有其他研究人员对论文中的数据提出疑问，或希望做进一步了解，论文作者应该能够向质疑者、询问者提供原始数据。因此，在论文发表之后，有关的实验记录、原始数据仍然必须继续保留一段时间，一般至少要保存 5

年。如果论文结果受到了质疑，就应该无限期地保存原始数据以便接受审核。

一般认为，对于研究结果需通过图像软件对图像数据进行处理绘制论文插图的情况，如由于原图的阳性结果不清晰，用图像软件通过调节对比度等方式让图像更清晰，这是可以的，但是不可以添加或删减图像像素。

（五）论著发表的规范

重要的学术成果应该争取在国际学术期刊上发表，接受国际同行的评议。一篇论文只能投给一家期刊，只有在确知被退稿后，才能改投其他期刊。论文发表后，他人有权做恰当的引用和进一步了解该成果的细节。国家资助的成果发表后应该与同行共享。

需要列举自己作为合署作者的论文时，应该保留论著原有的排名顺序，不应该为了突出自己而改变原论著的排名顺序。采用黑体字或画线的方式让自己的名字突出是可以的。如果一篇论文的合署作者人数较多，不能全部列出，那么应该在列出的最后一名作者后面注明“etc.”，让读者清楚地知道后面还有其他作者未列出。

在列出发表的学术专著时，应该清楚地写明自己的贡献。如果自己只是专著的主编，应该注明“编”或“ed.”；如果自己只是参与写作专著中的某个章节，也应该注明该章节。

（六）学术履历的撰写

学术履历的撰写要客观、准确地评价自己的教育经历和学术成就，在履历中应该写明自己获得的各种学位的时间；还未获得的学位，可注明预计获得的时间。介绍在国外的学习、研究经历时，中、英文表述应当一致。

第三章　学术不端行为的界定

学术不端通常是指在从事科学研究、评审科学研究、报告研究结果等学术活动中有意识地违背学术规范的学术行为，包括抄袭、剽窃、侵吞他人学术成果；篡改他人学术成果；伪造或者篡改数据、文献，捏造事实；伪造注释；未参加创作，在他人学术成果上署名；未经他人许可不当使用他人署名，等等。它还泛指在科学研究中的不道德、不正当以及不负责任的学术行为；治学不严谨，学风不正，学术浮躁，为了预期结果使用不恰当的实验和统计方法，重复发表，引文不规范，不公正的同行评议；违背科学精神和道德，抛弃科学实验数据的真实诚信原则，给科学研究和学术活动带来严重的负面影响，极大损害学术形象的学术违规现象或学术失范的风气。

1992 年，由美国国家科学院、国家工程院和国家医学研究院组成的 22 位科学家小组将学术不端行为界定为"伪造、篡改、抄袭"，即在申请课题、实施研究和报告结果的过程中出现的伪造、篡改或抄袭行为。

本书中我们对学术不端行为界定如下。

一、重复提交

这里的重复提交是指同一人将相同的作业、报告或论文等内容再次提交以获得成绩的行为。

重复提交主要表现在：

（1）同一份作业同时提交到不同课程；

（2）将已经提交的作业未加修改或做略微修改后再次提交给不同的课程。

二、作业作假

作业作假是指为了骗取成绩或评价，通过作假手段完成作业的一种严重欺骗行为。

作业作假主要表现在：

（1）抄袭他人作业或者让他人抄袭自己的作业；

（2）作业内容存在篡改和伪造实验过程、数据、图片等现象；

（3）在不允许合作完成或者在未充分告知有合作完成行为的情况下，将与其他学生合作完成的作业作为自己独立完成的作业提交；

（4）请人代写作业或代替他人写作业。

三、考试违纪

考试违纪是指不遵守考场纪律，不服从考场工作人员的安排与要求，扰乱考试秩序等行为。

考试违纪的主要表现请参见附录三。

四、考试作弊

考试作弊是指以不正当手段获得或者试图获得虚假考试成绩的欺骗行为。

考试作弊的主要表现请参见附录三。

五、抄袭

抄袭是一种欺诈行为，是指直接照搬和引用他人的研究成果或语言表述，并以自己的名义发表而未申明来源的行为。

抄袭主要表现在：

（1）抄袭他人受《中华人民共和国著作权法》保护的论著的学术观点、结论、语言表述用于自己的论著中，未在参考文献中标注出处；

（2）全文抄袭或整段照搬，未在参考文献中标注出处；

（3）自己取得实验数据，但照搬或套用别人论著中的句子来描述实验结果，未在参考文献中标注出处；

（4）套用他人论著的序言部分介绍前期的研究成果，未在参考文献中标注出处；

（5）自我抄袭、照抄或部分袭用自己已发表文章中的表述，而未列入参考文献。

六、剽窃

剽窃也是一种欺诈行为，是指未经他人同意或授权，将他人论著、研究成果或将论著、研究成果中的片段窃为己有（包括将原始资料的信息、研究观点和语言表述），经过拼凑、编辑直接用于自己的论著、项目申报材料、研究成果当中发表而未做标注的行为。

剽窃主要表现在：

（1）将他人受《中华人民共和国著作权法》保护的论著进行片段抄袭、编辑组合，未做标注，未在参考文献中注释；

（2）将他人受《中华人民共和国著作权法》保护的论著或研究成果部分增删语句、调整语句顺序、内容拆分合并、微调文字表述，但实质不变，主体内容与他人论著、研究成果基本相似，未在参考文献中标注；

（3）将他人受《中华人民共和国著作权法》保护的论著、研究成果中的调研信息、实验数据、图表公式略加改动就用于自己的论著，而未在参考文献中标注；

（4）将他人受《中华人民共和国著作权法》保护的论

著中的独创概念、定义、方法、原理、公式等据为己有，未在参考文献中标注；

（5）将他人受《中华人民共和国著作权法》保护的论著的原文内容概括简化，删除引导性语句或删减、替换应用，将原论著的文章结构、文字表述做简单增加，在原论著内容的基础上增加新的分析和论述补充或基于原内容和分析观点进行改头换面的发挥；

（6）在论著中引用他人未正式发表的成果（例如通过私人通信或学术会议的交流而获悉的成果），而未获得原作者的书面许可。

对抄袭和剽窃不端行为的界定

2010年修正的《中华人民共和国著作权法》（简称《著作权法》）第四十七条认定抄袭、剽窃是同一性质的侵权行为，系同一概念，其英文表达也同为“plagiarize”，指将他人作品或作品的实质内容窃为己有并发表，二者没有本质区别，但是二者在侵权方式和程度上还是有所差别的。抄袭是指行为人不适当引用他人作品以自己的名义发表的行为；而剽窃则是行为人通过删节、补充等隐蔽手段将他人作品改头换面而没有改变原有作品的实质性内容，或窃取他人的创作（学术）思想或未发表成果作为自己的作品发表。抄袭是公开的照搬照抄，而剽窃却是偷偷的、暗地里的改头换面[11]。

对于抄袭和剽窃的认定，也要注意把握尺度。这需要注意三种情形：第一，对于已经成为学术界的常识、即使不作说明也不会对提出者的归属产生误会的观点，可以不标注出处。而必须对别人的观点标注出处的一般是那些比较新颖、比较前沿的观点，如果不作说明就有可能被误认为是论文作者的原创。第二，有可能构成语言表述方面的抄袭、剽窃的是那些有特异性、有一定长度的语句，由不同的人来书写会有不同的表述，不可能碰巧就写出雷同的句子。如果是语句太短、太常见的日常用语，或者表述非常格式化，例如对实验材料和方法的描述，不同的人书写的结果都差不多，那么就不存在剽窃的问题。第三，科普文章和学术论文的标准不完全相同。因为科普文章一般是在介绍他人的成果，即使未作明确说明也不会被读者误认为是作者自己的成果，因此没有必要标注出处。学术论文必须着重防止表述方面的剽窃，必须用自己的语言进行介绍。

我国司法实践对于抄袭和剽窃的界定遵循三个标准：第一，被剽窃（抄袭）的作品是否依法受《著作权法》保护；第二，剽窃（抄袭）者使用他人作品是否超出了“适当引用”的范围，这里的范围不仅要从“量”上来把握，而且还要从“质”上来确定；第三，引用是否标明出处[11]。

七、篡改

篡改是指在科学研究过程中，通过作假的手段对实验材料、设备、实验步骤进行人为操纵，取得实验数据、图片后，为了使研究结果支持自己的假设，或为了附和某些已有的研究结果，按照期望值随意更改加工实验数据、图片，省略数据和部分结果，以符合自己期望的研究结论，使得研究记录不能真实地反映实际情况的一种行为。

篡改主要表现在：

（1）人为操纵实验过程，使实验结果支持自己的假设；

（2）杜撰、取舍研究数据、图片，以符合自己期望的研究结论；

（3）篡改原始数据，以符合自己期望的研究结论；

（4）去掉不利的数据，只保留有利的数据；

（5）添加有利的数据；

（6）夸大实验重复次数，夸大实验动物或试验患者的数量；

（7）对图片记录进行修饰。

八、伪造

伪造是指在科学研究过程中，为了达到个人目的，不以实际观察、实验记录和实验中取得的真实数据为依据，而是按照某种科学假说和理论无中生有、伪造虚假的观察与实验结果，使其不能真实反映实际结果的一种欺瞒行为。

伪造主要表现在：

（1）伪造试验样品；

（2）伪造实验过程、实验数据，虚假的观察、实验结果、论文材料和方法，而实际上并未进行实验；

（3）虚构发表论著、专利、成果；

（4）伪造学历、履历。

对篡改和伪造不端行为的界定

篡改和伪造往往同时发生，都属于无中生有、弄虚作假的行为。前者是直接省略或改变研究材料、仪器、数据或实验过程等，以致研究结果不再具有真实性。后者是凭空编造实验数据和结果并将其在研究报告中记录和报告。这两种行为都是科学研究中最恶劣的行为，它们会阻碍科学研究向前发展，也会导致许多人在一条“死路”上浪费大量的时间、精力和资源，更会让公众对与某项研究有关的人和事的可信性产生怀疑[11]。

九、一稿多投和重复发表

一稿多投是指同一作者或同一研究群体的不同作者，在法定或约定的禁止再投期间，或在期限以外获知自己论著将要发表或已经发表，在期刊（包括印刷出版和电子媒体出版）编辑和审稿人不知情的情况下，试图或已经在两种或多种期刊同时或相继发表内容相同或相近的论文；还指同一作者几次将同一论著投给同一期刊。

一稿多投主要表现在：

（1）完全相同型投稿；

（2）将论著内容分解成多篇进行投稿；

（3）将论著题目、内容、结构、前后段连接关系进行调整后投稿，其实质内容不变；

（4）将已发表的论著以其他不同语种在国际著作权公约缔约国的期刊上发表，这在国际惯例中也属于一稿多投，是违反国际著作权公约准则的行为。

重复发表是指同一作者向不同期刊投稿时，其文稿内容（如假设、方法、样本、数据、图表、论点和结论等）有相当部分重复而且文稿之间缺乏充分的交叉引用或标引的现象。如果一组数据已经在某篇论文中发表过，就不宜在新的论文中继续作为新数据来使用，否则也会被当成重复发表。

对一稿多投和重复发表的界定

《中华人民共和国著作权法》第三十三条规定："著作权人向报社、期刊社投稿的，自稿件发出之日起十五日内未收到报社通知决定刊登的，或者自稿件发出之日起三十日内未收到期刊社通知决定刊登的，可以将同一作品向其他报社、期刊社投稿。双方另有约定的除外。”这就意味着作者在规定之日内是不得一稿多投的。

凡是原始研究的数据，不论是同语种还是不同语种，分别投寄不同期刊，或主要数据和图表相同只是文字表达有些不同的两篇（或多篇）文稿投寄不同期刊均属一稿多投；一经两个（或多个）刊物刊用，则为重复发表。

以下情况不属于一稿多投或重复发表范畴[①]：

（1）在专业学术会议上做过口头报告，或者以摘要、会议板报形式报道过的研究结果，但不包括以会议文集或类似出版物形式公开发表过的全文；

（2）对首次发表的内容充实了50％及以上数据的学术论文；

（3）有关学术会议或科学发现的新闻报道，但此类报道不应通过附加更多的资料或图表而使内容描述过于详尽；

（4）同一篇论文在内部资料发表后，可以在公开发行的刊物上再次发表；

（5）论文以不同或同一种文字在同一种期刊的国际版上再次发表；

① 以下六条引自教育部科学技术委员会学风建设委员会：《高等学校科学技术学术规范指南》，中国人民大学出版社，2010年，第48—49页。

（6）以一种只有少数专家能够理解的非英语文字（包括中文）发表在本国期刊上的属于重大发现的研究论文，可以在国际英文学术期刊上再次发表。

以上再次投稿均应事先向编辑或审稿人说明，并附上相关材料的复印件，以免被编辑或审稿人误认为是相同或相似成果的重复发表。

十、引用不规范

引用不规范是指在论著或科研成果中标注不是自己的原创且标注位置需清楚显示时，并未把这个引文或成果的出处严格标注出来，未标注需要注明的原论著的出处（刊物名称、出版时间、原文的页码），未标注需要注明的原论著的作者署名。

十一、其他学术不端行为的界定

受雇于论文代笔公司；请他人代写论著或代他人写论著；在未参与研究工作的研究成果中署名或署名为通信联络人；未经他人许可，不当使用他人署名；以不正当手段影响研究成果鉴定、论文评阅、答辩；违反正当程序或放弃学术标准，进行不当学术评价；售卖作业、翻译、论文、报告等；虚开发表文章接受函；对学术批评者进行压制、打击报复、学术腐败等其他违反学术道德规范的行为。

第四章　案　例

一、科学精神的案例

马克思、恩格斯——践行科学精神的丰碑[①]

马克思、恩格斯生活在人类社会波澜激荡的19世纪，为了揭示人类社会的运动规律，探寻人类解放之路，他们在学习、批判、继承前人在自然科学、人文和社会科学研究成果的基础上，创立了科学社会主义学说。他们不论是在潜心进行学术研究的过程中还是在同其他政治派别论战的过程中，都坚持顽强的探索精神、求真务实精神、批判精神、创新精神、宽容精神以及公平精神。流传今世的不仅是他们的学术著作和学术观点，他们严谨治学的点点滴

---

① 本案例根据陈荣富、朱晓卫发表于《马克思主义研究》2004年第6期上的文章《科学精神的永恒丰碑——读马克思、恩格斯著作中的“序”和“跋”》改写。

滴所体现的科学精神也在人们心中树立了一座座丰碑！

不畏艰辛　刻苦探索

“在科学上没有平坦的大道，只有不畏劳苦沿着陡峭山路攀登的人，才有希望达到光辉的顶点。”这句写在《资本论》法文版序言中的名言，曾激励过无数后人勇攀科学高峰。这句话正是马克思一生光辉的写照。

1843 年，马克思试图通过对政治经济学的研究来解剖市民社会，并开始做准备工作。从 1843 年到 1857 年的 15 年间，他潜心钻研，写下了《巴黎笔记》、《布鲁塞尔笔记》和《伦敦笔记》等多达 30 本笔记。从 1857 年到 1863 年的 6 年间，他又对前 15 年准备工作的成果进行认真梳理、总结，写下了一系列内容丰富、卷帙浩繁的经济学手稿。经过 21 年的充分准备，从 1863 年 8 月起他才开始以“资本论”为标题进行写作。

马克思总是努力全面掌握已有的参考文献，并用新的方法使之系统化，厘清各种学说发展的线索，得出科学结论，时刻表现出严谨、认真的治学态度。在谈到《资本论》的引证方法时恩格斯指出，马克思的引证分为两类：第一类是用作证实文中提及论断文献上的证据；第二类是引证其他经济学家的理论观点，其目的是为了说明一种经济思想是在什么地方、什么时候，由什么人第一次明确地提出来的，而且他对每一处引文的原文都进行了认真

核对。

马克思去世时，《资本论》只出版了第一卷。恩格斯义不容辞地接过马克思的未竟事业，不顾年事已高和繁重的社会工作，克服重重困难，以极其严谨的科学态度和顽强的毅力，用了十一年零九个月的时间，对马克思留下来的手稿进行分析整理，出版了《资本论》第二卷和第三卷。

求真务实　尊重历史

学术研究的目的是揭示客观世界的本质和规律，求真是科学研究的根本任务。但是，人类认识世界的过程总是历史的、渐进的，马克思、恩格斯始终坚持求真务实的科学品质，虚心学习和总结当时学术界的最新研究成果，及时发现自己原有著作中的局限性，并利用再版的机会及时修订。这既尊重了原有文献的历史性，又体现了科学认识不断深化的历史过程。

《共产党宣言》最早发表于 1848 年，到 1872 年出版德文版时，马克思、恩格斯依然坚信文中的基本原理是正确的，但同时也坦言原来的有些提法已经过时，有些提法不完全，等等。马克思、恩格斯认为，《共产党宣言》是一个历史文件，再版时已经没有权利对文本作修改，否则就是篡改历史。于是，他们采用了在再版序言中加以修正和补充的方法。

《资本论》第一卷出版后，迅速传播，在得到广泛赞扬的同时，马克思也收到了许多意见和建议。马克思欢迎并虚心听取科学的批评意见，在《资本论》第一卷再版时对许多地方进行了修改，并在《第二版跋》中作了说明。这种修改表现了马克思在科学研究中精益求精和虚心治学的严谨态度。马克思、恩格斯总是客观地、实事求是地对待自己著作中的不足，以无比认真的态度、勇于自我批评的精神和虚怀若谷的胸怀进行学习、修改，并在再版跋或序言中实事求是地指出，力求使自己的观点日趋完善。

科学批判　勇于创新

求真就要质疑，不断质疑才会去伪存真。

大学时代的马克思曾经信奉黑格尔唯心主义哲学。随着对社会观察的不断深入，他对唯心主义产生了怀疑，写下了《黑格尔法哲学批判》一书，该书的发表标志着马克思由唯心主义转向唯物主义。马克思、恩格斯在接受和批判费尔巴哈哲学的基础上，吸收了其唯物主义的科学成分，努力剔除其唯心史观的部分，合著了《德意志意识形态》。该书通过哲学批判包括对费尔巴哈哲学的批判，以及对自己以前哲学信仰的清算，实现了哲学创新，建立了历史唯物主义。

马克思、恩格斯一生在学术研究和社会实践中始终高扬批判精神，努力实现批判与继承的统一、批判与创新的统一，继承了黑格尔哲学辩证法的“合理内核”和费尔巴哈唯物主义的“基本内核”，创立了辩证唯物主义和历史唯物主义。

宽容包容　平等民主

宽容包容是科学研究应有的胸怀，平等民主是科学研究良好的氛围。尽管马克思、恩格斯生活在社会处于大变革的年代，他们经常处于与哲学派别或政治派别论敌的论战中，但是无论如何，他们胸怀宽广，尊重对手，客观全面地评价他人的成果与地位。

对于历史上的哲学家，他们总是力求全面、公正、历史地予以评价。在对黑格尔的评价上，他们既批判黑格尔的唯心主义，又对他的哲学成就给予高度评价。在 19 世纪 60 年代一些人试图全面否定黑格尔时，马克思公开承认自己“是这位大思想家的学生”。在对费尔巴哈的评价上，他们既批判费尔巴哈哲学，又承认费尔巴哈“是杰出的哲学家”，承认自己曾受到费尔巴哈的巨大影响。

杜林因炮制“新的社会主义理论”体系极大地影响了社会主义运动而成为恩格斯的论敌，恩格斯发表了《反杜林论》。该书再版时，恩格斯发现其中有些不足，但因为是论战著作，自己再版时修改对论敌不公平，从而放弃了修改。当听说柏林大学因杜林的学术观点以及他对某些大学教授的攻击而剥夺了他的教学自由时，恩格斯认为这种处理是不公正的，应该遵守文字论战所应遵守的一切规则。恩格斯对待杜林的态度使人们看到了他对自己曾经论敌的宽容。

虽然马克思、恩格斯已经去世一百多年，但他们对待学术研究的科学精神和敬业态度仍值得今天的学者认真学习。

二、学术不端行为案例

（一）抄袭案例

【案例 1】印度总理科学顾问委员会主席、知名科学家拉奥论文抄袭

2011 年 7 月，发表在国际知名科学期刊《先进材料》上的一篇文章被指涉嫌抄袭 2010 年《应用物理通讯》杂志上的一篇论文。涉嫌抄袭的文章出自印度总理科学顾问委员会主席、世界著名固态和材料化学家拉奥和另外三名印度科学家。拉奥承认由于疏忽未与原著作者沟通，文章中有 4 处地方未注明出处，并公开向读者、审阅者和编辑致歉，震动了印度科学界。

（信息来源：《京华时报》2012 年 2 月 21 日第 18 版）

【案例 2】上海某高校教授胡某博士论文抄袭事件

1997 年 6 月初，上海某高校校长接到一位教授的检举信，举报该校胡某博士学位论文《CVD 反应器中超细粒子的形态控制》存在严重抄袭行为，并详细列举了抄袭章节、数据及被抄袭文献出处等材料。校方高度重视，专门成立由院士、资深博士生导师组成的专家组，对检举材料进行调查核实。专家组通过认真审核，一致认定胡某博士学位论文绝大部分内容系抄袭，检举属实。专家组将审核材料提交该校学位评定委员会审核讨论，学位评定委员会认定胡某的博士学位论文从模型、数据到表述方法都存在严重的抄袭行为。其抄袭是有意识的、系统的、大范围的，抄袭程度前所未见，性质严重，是对国家学位条例的极大蔑视。经无记名投票，学位评定委员会决定撤销胡某博士学位，取消其博士生、硕士生导师资格。上海市学位办也组织有关专家对胡某进行审核，并再次认定：学校学位评定委员会的定性是合适的，处理决定是正确的。

胡某的导师，中国科学院院士陈某，因受胡某博士学位论文抄袭事件的牵连，按《中国科学院章程》，经院士们投票表决，被撤销院士称号。

（信息来源：网易新闻中心 http：//news.163.com/40728/3/0SCOME4K00011211.html）

【案例3】工程院院士举证弟子学术不端案

2009年5月8日，中国工程院院士陆某联合多名专家召开发布会，指认其弟子黄某（我国著名血液病专家）在申报2008年中华医学科技奖一等奖的项目“细胞因子诱导免疫耐受的基础和应用研究”中涉嫌抄袭，侵吞陆某创立的“GIAC 移植技术体系”学术成果。陆某与相关专家对黄某申报项目的 31 篇论文进行了调查取证，认定项目申报书中超过 20 处数据造假，涉及的论文多达 14 篇，并存在抄袭等严重学术不端事实。黄某及其所在医院的声誉因此受到严重影响。

［信息来源：人民网（北京）http://scitech.people.com.cn/GB/9310434.html］

【案例 4】东北某高校一硕士涉嫌学位论文抄袭被撤销学位

2009 年 5 月，东北某高校 2005 级研究生袁某的硕士学位论文《山东省 FEEEP 协调度研究》，被指证抄袭南京某高校研究生曾某的硕士学位论文《江苏省 FEEEP 协调度研究》。校方高度重视，经过调查核实，认定两篇论文框架完全一样，除一些统计指标的对比排序结果稍有不同外，从摘要到目录到文献综述到正文分析甚至解决对策及参考文献的排序几乎完全一样，属于严重抄袭。袁某的抄袭行为严重违反了国家学位条例和学校的学位授予工作实施细则，校方依据学校学位评定委员形成的决议，撤销了袁某的硕士学位。

（信息来源：网易新闻中心 http://news.163.com/09/0529/10/5AFM6KHA000120GR.html）

（二）剽窃案例

【案例 5】印度库曼大学校长论文剽窃案

2002 年春，美国斯坦福大学物理学教授卡拉什收到一封匿名电子邮件，指证印度库曼大学校长拉吉普涉嫌剽窃她于 1996 年发表的论文，而且拉吉普的学生也因一同剽窃此论文获得一项国际奖项。于是，卡拉什给印度总统写信揭发此事。总统为此组织了一个专门调查委员会。委员会经过调查取证，最终认定拉吉普剽窃案成立。2003 年 2 月，印度政府撤销了拉吉普在库曼大学的校长职务。

（信息来源：新浪新闻中心 http：// news. sina. com. cn/o/2005-10-17/00087181139s. shtml）

【案例 6】天津某高校博士因论文剽窃毕业两年后被撤销博士学位

2006 年，天津某高校收到一封举报信，指证已毕业的某博士生博士学位论文涉嫌剽窃，并提交了部分佐证材料。校方高度重视，通过调查核实，认定该生博士学位论文观点与他人论文相似度达 85％以上，文字内容相似度达 70％以上，甚至构建的模型与他人模型完全相同。校方学术评定委员会最终表决认定，该生的博士学位论文属严重剽窃，该生的行为严重违反了国家学位条例，取消该生博士学位，并通知该生必须归还学位证书。

（信息来源：《中国青年报》2007 年 1 月 11 日教育版 http://zqb.cyol.com/content/2007-01/11/content_1638566.htm）

【案例 7】博士后剽窃，指导教师两年不准招生

2007 年 7 月，上海某高校接到举报，指证该校附属五官科医院 C 教授刊登在《中华耳鼻咽喉头颈外科杂志》2006 年 2 月第 41 卷第 2 期第 132 页上的文章实验结果中的图片涉嫌造假、剽窃。校方高度重视，学校学术规范委员会对此事件进行了全面调查核实，认定该文章属剽窃。剽窃文章的第一作者刘某，曾于 2004 年 9 月至 2006 年 7 月期间在该校附属五官科医院做博士后，该文章的通讯作者是 C 教授，C 教授是刘某的博士后工作指导教师。刘某承认剽窃他人的部分图片来说明自己的观点，而文章的其他作者（包括 C 教授）对其剽窃行为并不知情。

2007 年 9 月，医院学术委员会经研究对此事件做出处理意见：此论文属于剽窃，是刘某个人行为，取消并收回刘某博士后出站证书；C 教授作为指导教师，负有把关不严的责任，C 教授停止招收博士后两年；在一定范围内通报批评，C 教授作检讨。校方学术规范委员会对此进行了审议，同意医院学术委员会的调查结论和处理意见，并建议在全校博士后流动站会议上对此论文剽窃行为进行通报。

（信息来源：新浪新闻中心 http://news.sina.com.cn/c/2007-12-24/020514585535.shtml）

（三）学术造假案例

【案例8】韩国首尔大学“克隆之父”黄禹锡学术造假遭判刑

2005年12月，韩国米兹梅迪（Mizmedi）医院理事长、生殖学专家卢圣一指证韩国首尔大学黄禹锡教授发表在《科学》杂志上的2004年2月及2005年5月的两篇文章中提及的用卵子成功培育出人类胚胎干细胞和用患者体细胞克隆成胚胎干细胞属学术造假，列举黄禹锡研究组培育成的11个胚胎干细胞系中有9个是伪造的，即干细胞与提供体细胞的患者基因不吻合。韩国首尔大学调查委员会经过深入调查，认定黄禹锡在复制干细胞上的一系列论文系伪造，黄禹锡造假属实。2006年1月，《科学》杂志正式宣布撤销黄禹锡团队的两篇被认定造假的论文。2006年3月，黄禹锡在韩国首尔检察厅接受韩国检察部门调查。2009年10月26日，韩国首尔中央地方法院对黄禹锡进行判决，以侵吞研究经费和非法买卖卵子罪判处黄禹锡有期徒刑2年，缓刑3年，韩国举国哗然。韩国政府撤销了2005年6月授予黄禹锡的韩国最高科学家头衔，追讨国家研究中心的研究经费，韩国首尔大学将黄禹锡除名。

（信息来源：腾讯新闻中心 http://news.qq.com/a/20051222/000835.htm）

【案例 9】钱德拉——印度裔加拿大营养学、免疫学专家学术造假

2006 年 1 月，加拿大电视台在黄金时段播出系列报道《钱德拉博士的秘密生活》，揭开了钱德拉（钱德拉捏造数据取得的学术成果为其赢得过加拿大勋章，并两次获得诺贝尔奖提名）的重大学术造假案。报道中列举了钱德拉在加拿大纽芬兰纪念大学任职的 30 年间，高产论文（一年离校 120 天忙于周游世界参加学术会议、发表演讲，每年仍能发表 11 篇论文）。2000 年，钱德拉向《英国医学杂志》投稿，声称他研究了一种复合维生素配方，能够非常显著地提高老年人的记忆力。杂志社认为结果不可信，有造假之嫌，退稿并向纽芬兰纪念大学告发。钱德拉将论文改投给《英国营养学杂志》，2001 年 9 月被刊登。钱德拉的这一重大成果引起了《纽约时报》的注意，并加以报道。美国宾州大学心理学教授扫罗·斯登伯格和加州大学伯克利分校心理学教授塞斯·罗伯兹对此成果表示质疑，他们共同对钱德拉的文章进行分析论证，认定其数据完全是捏造的。

2002 年，纽芬兰纪念大学要求钱德拉提交该论文的原始数据，钱德拉声称原始数据被校方弄丢了，并宣布退休。2005 年，《英国营养学杂志》撤销了钱德拉的论文。

加拿大电视台还发现钱德拉发表的论文中另有多篇存

在造假或凭空捏造的嫌疑，钱德拉还以组建的“国际营养免疫学基金会”的名义骗取研究经费。

（信息来源：新浪科技时代 http://tech.sina.com.cn/d/2006-02-08/1421835948.shtml）

【案例 10】加拿大蒙特利尔心脏病研究所教授王某论文造假

2009 年 9 月，著名打假人士方舟子在微博上发布消息称东北某大学药学院心血管药物研究所所长王某的两篇论文造假，并指出王某为加拿大蒙特利尔心脏病研究所药学系教授，该校因其论文造假已关闭其实验室。

加拿大蒙特利尔大学心脏病研究所官方网站发布消息，王某的两篇论文已被相关期刊撤销，校方专家委员会对王某论文事件进行调查核实，认定王某论文造假属实；王某违背了科研伦理标准及其作为研究者的职责，免去王某科研权利及研究者身份，关闭其实验室；同时撤销王某另外 3 篇已发表的论文，冻结王某此前已获得的由加拿大联邦政府、相关科研机构及协会资助的数百万美元的科研经费，并永久取消王某的资助资格。

（信息来源：《检察日报》2011 年 9 月 9 日第 5 版）

【案例 11】某大学讲师钟某、刘某因学术造假被停职

2009 年 12 月 19 日，国际学术期刊《晶体学报，E

辑：结构报告网络版》官方网站发表社论，公布了以某高校讲师钟某、刘某为责任人发表在该刊物上的 70 篇论文存在造假现象，并做出一次性撤销的决定。校方高度重视此事件，学校学术委员会对此进行调查核实，认定钟某有伪造及篡改数据，制造虚假论文公开发表；伪造及篡改数据，替他人制造虚假论文公开发表；未经他人许可，盗用他人名义作为合作作者发表造假论文；造假论文数量庞大等学术不端行为。学术委员会认定刘某找人代写论文并提供条件，构成造假授权事实；持造假论文骗取成果确认；未经他人许可，盗用他人名义作为合作作者发表造假论文；造假论文数量特别多等学术不端行为。

钟某、刘某的上述行为事实分别属于教育部《关于严肃处理高等学校学术不端行为的通知》中列举的“伪造或篡改数据”，“侵吞他人学术成果”，“未参加创作，在他人学术成果上署名”和“未经他人许可，不当使用他人署名”等学术不端行为类型，情节特别严重，影响特别恶劣，属于严重的学术不端行为。

校方撤销钟某的造假学术成果，追回所有造假论文奖励；撤销刘某的造假学术成果。对钟某、刘某开除公职，并报请上级主管部门撤销钟某、刘某的高等学校教师资格；解聘钟某、刘某的高等学校讲师专业技术职务；撤销钟某、刘某的高等学校讲师专业技术资格；撤销钟某 2009 年 12 月获得的高等学校副教授专业技术资格。

（信息来源：腾讯新闻中心 http://news.qq.com/a/20091229/002145.htm）

【案例 12】浙江某高校副教授贺某论文造假

2008 年 10 月 11 日，中国药科大学药理学教授戴某意外收到《国际心脏病学杂志》副主编的函件，指称戴某实验室投至该刊的文章与另一本期刊上已发表的论文十分相似。戴某经查阅后发现发表在另一期刊上的文章第一作者正是自己的博士生贺某。戴某认定贺某剽窃了自己实验室的资料，其论文是在实验资料基础上拼凑伪造的假论文。2008 年 10 月 15 日，戴某将《国际心脏病学杂志》的来信及两篇论文，转发给贺某所任职的浙江某高校。

校方经调查核实，认定贺某在进入该校博士后流动站后共发表了 8 篇论文，其中有两篇剽窃了其博士生导师戴某的研究数据；还存在部分图表数据造假、张冠李戴重复发表、一稿两投、未经他人许可擅自署他人名字、制造虚假基金标注、捏造知名专家帮助修改英语等严重学术不端行为。

2008 年 11 月，校方依据学校《学术道德行为规范》规定，撤销贺某副教授专业技术职务和任职资格。2009 年 3 月 15 日，校方对贺某的处分由“解聘”变成“开除公职”。

（信息来源：中国教育和科研计算机网 http://www.nhaidu.com/news/88/n-289288.html）

（四）篡改案例

【案例13】国际物理学界最大造假飓风——舍恩

2002年，闻名世界的贝尔实验室因其一名年轻的德国科学家舍恩伪造篡改科研数据，并在不同的学术论文中使用同一伪造数据，捏造所谓“分子晶体管”被揭发而陷入危机。一本书名为《塑胶幻想：物理学最大作假丑闻如何震动科学世界》对“国际物理学界最大造假飓风”事件进行了极其深入的调查，详细列举了舍恩的造假过程，将这桩丑闻公布于众。

贝尔实验室作为发明晶体管并诞生了6位诺贝尔奖得主的重量级实验室，由于资助方的更迭一直在走下坡路。1998年32岁的舍恩加入美国新泽西的贝尔实验室，当时贝尔实验室正在进行一系列基础研究复兴计划，这为舍恩的发展提供了机遇，也为其造假提供了温床。

舍恩重拾贝尔实验室的专长，在一个研究有机晶体制造晶体管的项目组工作，这是一个非常热门的方向。舍恩整天在实验室忙碌地工作，痴迷于项目之中。舍恩先是声称发明了一种振荡电路板，在贝尔实验室同事的帮助下，他的论文在《自然》和《科学》杂志上刊登。随后的2001年到2002年间，舍恩在《自然》和《科学》上先后发表了90余篇文章，平均每8天就会发表一篇文章。舍恩在论文中称，他的“纳米晶体管”以碳为基础，以包含氢和硫的有机半导体分子为晶体管材料，以金原子层为电极，利用范德瓦尔斯力让三个电极安装在一个分子上。这个实验将改变物质的绝缘、半导和超导等属性的传统观念，意味着电学从硅时代走向有机时代，硅芯片将被取代，电器会更便宜，微型电脑也将成为现实。舍恩自称用纳米技术做出了只有单一分子大小的超微型电脑，这些创新性的超导实验让人称奇。《自然》和《科学》期刊的刊文让舍恩的实验成为无数科学家追捧的目标。2002 年全美投入数以百万计的资金测试舍恩实验，结果是都无法复制舍恩实验，但没人站出来质疑他。

2002 年，美国普林斯顿大学和康奈尔大学的教授分别发现舍恩竟然在 3 篇毫不相关的论文中使用了完全相同的图表，《自然》杂志对舍恩提出质疑，他表示传错了图表，然而类似的数据矛盾不断被发现。

贝尔实验室组建了独立调查委员会对舍恩在《自然》《科学》《实用物理学》等期刊上发表的论文进行调查，发现了越来越多的数据问题。在为期 3 个月的调查中，委员会发现舍恩至少有 9 篇论文存在数据问题。委员会要求舍恩提供相关证据，他以自己没有留下实验室记录，或硬盘储存不够删除了原始数据，或设备在德国等为借口拒绝检查。调查委员会认定舍恩篡改、伪造了实验数据、图表，在被指控的 24 处地方至少有 16 处存在学术不端行为。2002 年 10 月 10 日，贝尔实验室解雇了舍恩，德国的马普研究所也解聘了舍恩，康斯坦茨大学撤销了舍恩的博士学位，舍恩的论文也被各大期刊整批次撤销。

（信息来源：《南方周末》2002 年 7 月 18 日科学版）

【案例 14】调查长达数年之久的“巴尔的摩事件”

1986 年 4 月，巴尔的摩实验室和伊马尼布·卡莉实验室联合在《细胞》杂志上发表了关于转基因小鼠内源免疫球蛋白基因表达模式改变的论文，这篇论文引发了美国科学史上影响最大的学术不端事件——“巴尔的摩事件”。

1985 年年初，美国麻省理工学院癌症中心等 5 家实验室联合向美国国家癌症研究所申请资助，卡莉在申请报告中提及外源抗体基因与内源抗体基因之间相互作用的发现，国家癌症研究中心不相信此发现，拒绝了资金申请。1985 年 3 月，卡莉与欧图尔（巴尔的摩实验室的一位博士后）相识，卡莉向欧图尔讲述了这一发现，并邀请欧图尔加入她的实验室对这个发现进行进一步研究。欧图尔最初在该论文第二作者的协助下，获得了初步实验结果，这一结果是支持卡莉实验的。卡莉催促欧图尔尽快写成论文发表，并在 1985 年 12 月投送《细胞》杂志的论文中提及了这个未发现的结果。但欧图尔此后单独多次实验，却无法重复该实验结果，欧图尔拒绝发表这一无法重复结果的论文。欧图尔要求查看原始数据，但卡莉没有提供。欧图尔在查阅老鼠谱系的记录中意外发现了夹杂其中的 17 页血清实验数据。数据显示，有人曾于她之前论证卡莉的实验未得到结果，这些数据记录还包括已在《细胞》杂志上发表的卡莉论文中报告的实验结果，但与在《细胞》杂志上发表的论文的报告不一致，因此《细胞》杂志发表的论文数据存在篡改和伪造的嫌疑。至此该事件的调查之路开始了。

1987 年 1 月，时任洛克菲勒大学校长一职的巴尔的摩要求美国卫生研究院对涉嫌造假的在《细胞》杂志上发表的论文进行调查。1988 年美国国会介入，1989 年美国特勤处对实验记录本进行鉴定，认定造假成立。1992 年美国成立研究诚信办公室。1994 年 11 月研究诚信办公室发表对此事件的调查报告，指控卡莉有 19 项不端行为，建议禁止卡莉 10 年内申请联邦政府的科研基金。巴尔的摩虽在整个事件中未参与实验数据造假，但对卡莉的辩护和袒护，令其声誉受到严重损害。后来巴尔的摩辞去了洛克菲勒大学的校长职务。

（信息来源：《经济观察报》2009 年 2 月 8 日至 2 月 13 日连续刊载）

（五）其他学术不端行为案例

【案例 15】在职称和项目申报中盗用他人署名

2006 年 3 月，上海某高校接到举报，指证该校教授杨某在有关申报材料中涉嫌造假。校方高度重视，着手调查取证，认定杨某在2005年3月有关博士点的申报材料中，将2004年发表在《肺癌》杂志上非自己的一篇论文，列入本人为第一作者的清单。经查证，该论文并非杨某的学术成果。杨某本人发表在《肺癌》杂志上的论文发表时间晚于申报时间，且杨某是第二作者。杨某在长江学者特聘教授候选人的申报材料中，再次将2004年发表在《肺癌》杂志上非自己的论文列入本人为第一作者的清单。2006年，杨某在申报国家自然科学基金重点和面上项目的材料中，将他人承担的国家“十五”攻关项目子课题列入自己承担的科研项目。

校方认定杨某违反了教育部《关于加强学术道德建设的若干意见》等规章制度。2006年6月，校方宣布解除杨某的聘任合同，并解除其该校教授职务资格。

（信息来源：东方网 http://sh.eastday.com/eastday/node545/node11340/userobject1ai135006.html）

【案例16】侵吞他人学术成果进行项目申报

2008年3月，西安某高校党委、纪委等多个部门同时收到公开举报。学校的6位老教授联名实名举报该校教授李某在申请国家重大奖项的项目“往复式压缩机及其系统的理论研究、关键技术及系列产品开发”中存在造假、侵吞他人学术成果进行拼凑和包装等严重学术不端问题，列举了李某从未研究往复式压缩机，却凭空弄出一个大课题的造假依据。学校经过调查核实，认定李某造假属实，撤销了李某的教授专业技术职务，并解除了李某的教师聘用合同。

（信息来源：中国教育和科研计算机网 http://www.edu.cn/315dajia_9632/20120312/t20120312_751172.shtml）

鲜活的案例再次警示我们，无论你是一位刚踏入科学研究大门的学生，抑或是一位科学家、教授，无论你的地位有多尊贵，你在学术界的声望有多高，如有学术不端的行为，你都应该受到学术界、社会舆论的谴责和惩罚。

对待学术研究，我们始终都应秉承严谨治学的态度。

第五章　信息技术背景下的挑战与治理

信息技术的迅猛发展引起了世界的深刻变革，带来人类社会发展的全新范式，不仅重塑了全球政治、经济、社会、文化、军事等领域的新格局，也对学术界造成了深远的影响。信息化成为当今时代学术研究活动最鲜明的特征之一，它催生了全新的研究模式，极大地提升了科技创新的能力，推动学术研究活动进入一个崭新的时代。

在这一背景下，学术不端行为治理也呈现出新的态势：一方面，许多原有的、备受争议的焦点问题因为信息技术的进步迎刃而解；另一方面，随着信息技术对各学科渗透的日渐深入，许多新型的学术不端行为呈现出信息化、智能化的特征，传统学术道德管理系统面临新的挑战。东亚地区作为全球学术活动最活跃、学术产出增长最迅猛的地区也深受影响，成为学术不端行为的高发地，许多重大学术不端案例和新型学术不端行为方式最先在这一地区被发现①。

因此，深入研究信息化背景下学术不端行为的性质与特点，探索构建行之有效的学术道德管理体系与学术不端行为治理办法，对于在新的信息科技革命和研究模式改革中赢得主动具有重要意义。研究者应当充分认识到，“恪守学术道德，维护学术诚信”永远是学术界最重要的价值基础，在利用信息技术不断拓展研究深度和广度、提升学术创新能力的同时，警惕新型学术不端行为对学术生态的危害，加强信息化技术对学术道德治理领域的支撑是研究者在新环境下的使命与责任。

一、全民监督时代的到来

对于学术生态来说，互联网犹如一把双刃剑。一方面，互联网技术的深入发展将研究者获取学术资源的能力提升到前所未有的高度，互联网早已成为学术界交流以及学术成果发表的主流渠道。随着学术资源开放力度加大，2015 年全球通过互联网进行的科学论文全文下载量达到了 250 亿篇次（而获取这些资源的成本则降至历史最低，平均每篇论文只需支付大约 1 美元）②。另一方面，互联

---

① Ferguson C，Marcus A，Oransky I. Publishing：“The peer-review scam”，*Nature*，2014，515 (7528)：480－482.

② The 4th Edition of *The STM Report: An overview of scientific and scholarly journal publishing* (2015). https：// www. stm－assoc. org/ 2015 _ 02 _ 20 _ STM _ Report _ 2015. pdf.

网的普及也为学术不端行为的蔓延提供了温床，许多善于“复制-粘贴”的论文作者正是通过互联网找到了丰富多彩的素材。

随着全球信息化的持续推进，互联网所包含的信息内容实现了新一轮的爆炸性增长。许多抄袭者自以为这能够使抄袭和其他学术不端行为变得更加容易，或者更具隐蔽性，然而事实却并非如此。新的互联网革命利用互联网平台和“众包”科学的方式，引入公众力量，赋予每一个人监督科研活动和学术生态的能力，全民参与监督和治理学术不端行为的“Web2.0”时代已经来临。

2005 年，欧雷利媒体公司（O'Reilly）首席执行官蒂姆·欧雷利（Tim O'Reilly）率先发表了名为《什么是“Web2.0”——新一代软件的设计样式与商业模式》（“What Is Web 2.0 - Design Patterns and Business Models for the Next Generation of Software”）[①] 的文章——由此，“Web2.0”开始成为一种新的互联网趋势。相对于用户只能依靠浏览门户网站获取信息的“Web1.0”来说，“Web2.0”的核心概念是“互动、分享和关系”，它强调了“使用者贡献内容”以及“集体参与从而创造智慧”，实现了由专业人员织网到所有用户参与织网的转变，

① Tim O'Reilly（2005）What is Web 2.0－Design Patterns and Business Models for the Next Geueration of Software. http://www.oreilly.com/pub/a/web2/archive/what-is-web-20.html.

使得互联网个体用户贡献的内容远远超越了专门网站。

“Web2.0”主要的应用技术包括博客（Blog）、维基类网站（Wiki）、社交网站（SNS）、点对点技术（P2P）、即时消息（IM）、基于地理消息服务（LBS）等。这些技术不同程度地为学者和科研工作者非正式的学术信息交流和学术成果发表提供了便捷高效的渠道，大大促进了知识生产和更新的效率。同时，许多学术不端行为治理办法借由“Web2.0”的平台和技术，影响力变得更加广泛，警示作用也更为强烈。其中，利用博客和维基类网站实现对学术不端行为的监督就颇具代表性。

博客作为“Web2.0”时代一种典型的自媒体形式，最初的名称是“web log”，字面意思为“网络日记”，后来因为其备受肯定的自媒体属性逐渐被用户群改称为“we blog”并最终简化为“Blog”，在中国被译为“博客”。全球提供博客服务的互联网供应商很多，其中最为著名的有WorldPress，Wordpress，LiveJournal，Blogger等。除了普通民众用博客进行社交和信息发布，越来越多的科研工作者也开始创建自己的博客，用来发表研究进展和学术成果以及和同行进行交流。国际科学、技术和医学出版商协会（International Association of Scientific, Technical and Medical Publishers，STM）的相关报告显示，2009年大约存在1 000～1 500个专门的科研用途的博客，截至2016年，这一数据已经全面增长并且达到了日新月异难以统计的程度①。近年来，越来越多关注学术道德与科研诚信的学者、编辑、记者以及其他相关人士也相继建立起实名或匿名的博客，通过博客向社会公众披露各种学术不端行为，依靠其巨大的影响力来实现对学术不端行为的广泛监督和有力威慑。例如，伊凡·欧兰斯基（Ivan Oransky）是较早利用博客进行学术道德与出版伦理监督的美国学者，他于 2010 年 2 月在 Wordpress 上建立了“Embargo Watch”②，并在取得了广泛的声誉和很好的成效后，又和亚当·马库斯（Adam Marcus）合作，于同年 8 月创立了“撤稿观察”（Retraction Watch）③。这一博客从建立至今以每天若干篇报道的超高效率在第一时间登载各主流科学期刊的撤稿情况，并且一针见血地披露其中涉及的学术不端行为，受到国际学术界的关注和肯定。德国教授德博拉·韦伯·伍尔夫（Debora Weber-Wulff）是一名利用计算机技术侦测抄袭行为的专家，她在 2006 年 11 月也选择在 Blogspot 上建立名为“Copy,

---

① The 4th Edition of *The STM Report: An overview of scientific and scholarly journal publishing*（2015）https://www.stm-assoc.org/2015_02_20_STM_Report_2015.pdf.

② 研究机构或科学期刊在发表一项新的研究成果时会给各大媒体提供信息并签订合约，要求在允许发表的时间之前媒体不得将这一信息与任何人共享或就这一信息进行相关采访，这一政策被称为“禁令”（Embargo），但如果不合理使用可能引发一系列的学术道德问题。

③ http://retractionwatch.com

Shake, and Paste"[①] 的反抄袭博客，希望能够取得比她过去的德语网站更广泛、更有效的监督和警示成果。另外，2014年，美国两个匿名的推特（Twitter）用户@blippoblappo 和@crushingbort 创建了"Our Bad Media"，自称为媒体的"看门狗"，通过博客向大众揭露新闻媒体领域中的抄袭现象。

相比传统的媒体和报道模式，博客在对学术道德与科研诚信领域进行监督时表现出全新的优势。过去发表一篇专题报道需要花费大量的时间，而产生的关注效应往往只在一时。而博客针对学术不端行为的监督往往简明扼要、一针见血，具有很强的时效性，并且能够通过持续更新赢得社会各界对这一问题长期的关注和重视。同时，这种针对学术不端行为长期性、专门性的报道和披露所产生的警示作用往往更加强烈、有效。

博客以个人的名义发表，能够避免过去新闻机构面临的烦冗的流程以及其他因素的限制和影响，同时又能够取得不逊于传统大型传媒机构的传播效果和影响力，是非常理想的工具。更重要的是，博客将作者与世界各地关注学术不端问题的人密切地联系在一起，为这项工作提供了更多的帮助和广泛的支持。

---

① https://copy-shake-paste.blogspot.com

【案例 17】“撤稿观察”（Retraction Watch）

“撤稿观察”（Retraction Watch）是由伊凡·欧兰斯基和亚当·马库斯于 2010 年 8 月共同建立的关注学术期刊撤稿情况的博客。欧兰斯基拥有医学博士学位，先后在路透社《健康新闻》（*Reuters Health*）、《科学美国人》（*Scientific American*）、《科学家杂志》（*The Scientist*）、《今日医学新闻》（*MedPage Today*）等著名期刊担任编辑工作。马库斯则具有科学写作方面的专业背景，同时担任多个高水平医学期刊的编辑。然而，他们最终都将工作的重心放在关注科学论文发表过程中涉及的伦理与规范问题上。他们在“撤稿观察”上发表的第一篇通稿[①]中详细介绍了这一专门追踪撤稿情况的博客所针对的现实问题：一方面，许多科学期刊撤稿仅仅刊登了撤稿通知，没有及时开展后续工作，特别是未能让社会公众知悉撤稿信息，许多已经撤稿的文章仍然存在于各大数据库中并且被大量引用，有的甚至成为其他研究开展的理论基础或者转化投产的学术依据；另一方面，期刊撤稿通常不披露撤稿原因，除了科学发展过程中不可避免的错误，撤稿往往还提示有学术不端行为的存在，学术期刊对这些现象避而不谈，无助于净化学术环境。“撤稿观察”旨在对期刊的撤

---

① Oransky I, Marcus A.（2010）Why write a blog about retractions? http://retractionwatch.com/2010/08/03/why-write-a-blog-about-retractions

稿情况进行长期且持续的关注，通过互联网将撤稿信息向社会公众广泛披露，并且监督其中可能涉及的学术不端行为。欧兰斯基和马库斯希望基于这一博客构建一个关于撤稿信息的数据库和讨论平台，用以促进科学期刊针对这些问题进行机制改革和政策创新。

最近，“撤稿观察”因披露一系列涉及中国作者的生物学和医学论文撤稿情况，受到中国学术界的广泛关注。2015 年 3 月 26 日，“撤稿观察”第一时间披露了英国大型学术医疗科学出版商现代生物出版公司（BioMed Central，BMC）撤销 43 篇涉嫌操纵同行评议的生物医学论文的消息，其中 41 篇涉及中国作者；同年 8 月 17 日，它追踪报道了现代生物出版公司所属的斯普林格（Springer）出版集团因为同样的同行评议问题从它旗下的 10 种学术期刊撤稿 64 篇中国作者的科学论文；10 月 13 日，“撤稿观察”再一次报道了爱思唯尔（Elsevier）出版社撤销旗下 5 种学术期刊中的 9 篇文章，这些文章全部来自中国高校或研究机构。这一系列来自博客并且通过互联网面向全世界的连续报道产生了广泛的影响力，也给中国学术界带来极大的震动，不仅使各主管部门、科研单位和科技工作者认识到我国科学道德和学风建设形势的严峻，也唤起了全社会捍卫学术尊严的责任感，对潜在的学术不端行为起到了显著的警示和遏制作用。

（信息来源：“撤稿观察”https://retractionwatch.com/2015/03/

26/biomed-central-retracting-43-papers-for-fake-peer-review/；https：// retractionwatch. com/2015/08/17/64-more-papers-retracted-for-fake-reviews-this-time-from-springer-journals/；https：// retractionwatch. com/2015/10/13/elsevier-retracting-nine-papers-for-fake-peer-review）

维基（Wiki）是“Web2.0”的另一种典型应用，它允许任何用户在维基类网站内创建、编辑和修改文本内容，通过大量用户的“共笔写作”来实现维基类网站内容的完整和充实。维基百科（Wikipedia）是最著名的例子之一。另外，还有以维基亚（Wikia）为代表的专门向用户提供专属维基站点以及其他维基服务的企业。这些平台集结了许多维基用户社群，也被形象地称为“维基农场”。总的说来，这种通过互联网，面向海量用户的协同创作系统，不仅将拥有共同兴趣爱好或者理想目标的人群联系在一起形成所谓的社群，而且能够有效地整合分散于世界各地的人力和信息资源，将这些看起来微不足道的个体努力汇集起来形成伟大的集体贡献与创作。也正是基于维基类网站的这一特点，维基网站和维基工具在检测学术不端行为特别是抄袭行为方面颇具成效。在维基技术的帮助下，具有监督和侦测抄袭行为意愿和能力的广大用户集合在一起，通过充分地互动交流和资源共享，将单薄的个人作业转变为集体合作的一部分，从而使得检测一篇有着潜在抄袭行为的论文变得更加容易、更加快捷、更加全面。另外，维基类技术依赖于广大使用者的自身知识和信息渠道，这使得基于维基类技术的抄袭检测方法没有明显的边界限制，不像其他检测软件那样受制于科学论文数据库的存储范围和容量。如果说抄袭者试图利用互联网浩如烟海的信息资源来掩藏自己的行为，那么维基类技术也能够利用用户社群无所不包的知识内容不留死角地予以回击，这对学术不端行为者是一个巨大的心理威慑。

目前，具有代表性的反抄袭维基网站当属德国的“维洛妮抄袭”（VroniPlag Wiki），它由一位名叫马丁·海丁斯菲尔德（Martin Heidingsfelder）的德国人于 2011 年 3 月 28 日在维基亚平台上建立的，随后不计其数的德国志愿者加入这个反抄袭的维基社群。“维洛妮抄袭”用一句话简短地描述了这些参与反抄袭工作的志愿者——“他们不分老少，有男有女，来自各行各业，有的是学者，有的是普通人”——充分反映出德国社会和公众抵制抄袭行为的决心和努力。“维洛妮抄袭”的志愿者们利用自己的业余时间无偿工作，动用各自的资源和渠道，检测那些收入到公开数据库中的博士论文是否抄袭。一旦发现严重的抄袭情况，志愿者会在网站上公开发表形状类似条形码的可视化的抄袭报告，定位抄袭所在的段落，标注抄袭内容的多少，描述抄袭的程度，给出被抄袭的来源。并且，“维洛妮抄袭”会正式通知其发现抄袭的博士论文所属的大学，推动学校进行审查和撤销抄袭者学位等后续的处理工作。截至 2016 年 2 月，已经有 1 篇硕士论文、152 篇博士论文、8 篇教授论文以及 1 本科学专著的抄袭行为被“维洛妮抄袭”予以充分详尽地证明。

【案例 18】“维洛妮抄袭”与德国高级政府官员抄袭案

“维洛妮抄袭”对于政府高级官员和政治名流的学术诚信问题高度关注。自 2011 年以来，已有不少在德国举足轻重的政治人物被“维洛妮抄袭”披露具有论文抄袭的问题，他们不仅因此失去了博士学位，也失去了民众的信任，不得不辞职引退，提前结束了自己的政治生涯。

2011 年，时任德国国防部长的卡尔-特奥多尔·楚·古滕贝格（Karl-Theodor zu Guttenberg）是首位被揭露博士论文抄袭的德国高级官员。“维洛妮抄袭”的前身“古滕贝格抄袭”（GuttenPlag Wiki）于 2011 年 2 月披露了古滕贝格博士论文涉嫌抄袭。这条由不同颜色组成的如同条形码一样的图谱（见图 5－1）详尽而细致地显示出了古滕贝格博士论文抄袭的证据，该论文包含来自 135 个他人的文献内容却未标注来源，共有 1218 个段落包含抄袭内容，包含抄袭内容的页数共 371 页，占检测总页数（393 页）的 94.4％，包含抄袭内容的行数共 10421 行，占检测总行数（16334 行）的 63.8%①。

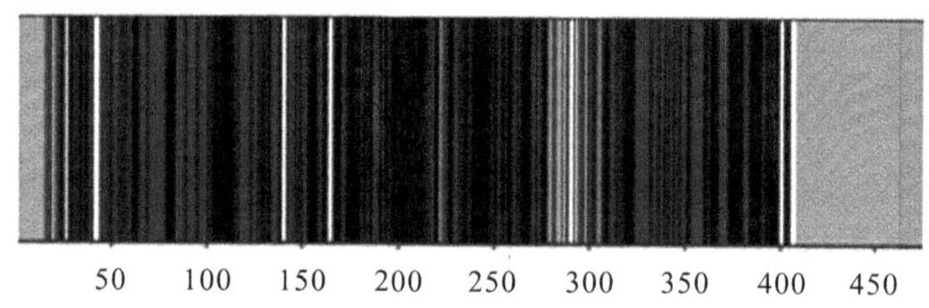

图 5－1　“维洛妮抄袭”发表的古滕贝格博士论文抄袭情况的条形码

虽然古滕贝格否认所有关于抄袭的指控，只承认自己的博士论文存在“严重的技术性错误”，但在如此坚实有力的证据面前，在德国社会和公众的强大压力下，古滕贝格最终向拜罗伊特大学（University of Bayreuth）请求撤销自己的博士学位。拜罗伊特大学于 2011 年 2 月 23 日撤销了他的博士学位，同时声明会进一步调查。随后，古滕贝格于 2011 年 3 月 1 又不得不辞去其国防部长的职务。

2013 年，时任德国教育及研究部部长安娜特·莎万（Annette Schavan）被“维洛妮抄袭”披露在 1980 年完成的博士学位论文中有相当多的引用内容没有标注应有的

① Gutten Plag. A critical examination of the doctoral dissertation of Karl-Theodor Freiherr zu Guttenberg（2011）. http://de. guttenplag. wikia. com/wiki/GuttenPlag _ Wiki/English

文献出处，已经达到了抄袭的程度。虽然有人认为以现代的科技手段和学术规范回头检视三十余年前的论文有不近人情之处，以当时的条件在处理大量的文献资料时出现失误也情有可原。但杜塞道夫大学经过调查后仍然认定莎万的博士论文存在抄袭问题并撤销了她的博士学位。莎万随后向行政法院提起诉讼，试图运用法律手段挽回声誉，然而行政法院没有支持她的请求，判决莎万败诉，此案上诉后也遭到上诉法院驳回。

（信息来源：BBC 新闻 https：// www. bbc. com/news/world-europe-21395102）

二、抄袭侦测技术的发展

如果说“Web2.0”通过互联网创新极大地扩张了加入学术不端行为监督和治理行动中的公众数量，将学术不端监督和治理转变为一个公众参与度极高的公共话题，那么当今信息技术发展的另一方向则是通过不断研发和优化信息化工具以实现更加迅速和精确的学术不端行为检测。目前，数字对象标识系统（DOI System）和语义分析技术（Semantic Parsing Technology）的发展为这一趋势提供了有力的支撑，特别是针对抄袭问题提供了许多解决方案。

数字对象标识系统（DOI System），是一项由包括国际出版商协会、国际科学技术与医学出版商协会、美国出版商协会在内的全球三大出版业组织共同提出的方案，主要用以应对由于在线数字信息资源容易被传播、复制以及改写而导致互联网的数据共享、文献引用纷繁杂乱、难以追溯的问题，并最终决定采用一种永久不变的数字对象定位方法来保证数字资源在全球范围内的唯一性，使得数字资源无论通过互联网如何传播都能够有迹可循。1997年，三大出版业组织在法兰克福图书展会上首次宣布了这一决定，并成立了国际数字对象识别基金会（International DOI Foundation，IDF）作为DOI系统的开发和运行管理机构。该组织在美国国家研究推进机构（Corporation for National Research Initiatives，CNRI）的技术支持下，制定了DOI标准，并开发了相应的解析系统“Handle System”作为DOI系统的数字网络组成部分。1998年，IDF又与当时由欧洲共同体资助的“电子商务系统中数据交换和互操作”项目（interoperability of data in e-commerce systems，indecs）展开密切合作，将“indecs”体系作为DOI数据模型和词表映射框架的基础。2000年，DOI语法通过了美国国家信息标准组织（National Information Standards Organization，NISO）的认证并在2010年通过ISO标准认证[①]。截至2017年2月，全球已

---

① International DOI Foundation，DOI® Handbook，(2015)，https://www.doi.org/doi_handbook/1_Introduction.html

分配的 DOI 编码上亿，已建立起 10 个注册代理机构（RA）以推进各地区的 DOI 服务，包括中国大陆的中国知网（CNKI）和中国科学技术信息研究所（ISTIC），以及中国台湾的华艺数字公司（Airiti，Inc.）；美国的“CrossRef”组织和娱乐标识符注册协会（Entertainment Identifier Registry，EIDR）；欧洲则包括欧洲多语种 DOI 登记机构（multilingual European DOI Registration Agency，mEDRA）、欧盟出版物办公室（Publications Office of the European Union，OP）以及德国的“DataCite”数据中心。另外，日本互联中心（Japan Link Center，JaLC）以及 2016 年最新取得资格的韩国科学技术信息研究所（Korea Institute of Science and Technology Information，KISTI）覆盖了中国以外的主要东亚地区①。

DOI 因其国际通用、全球唯一、永久不变的特性，被形象地称为“数字资源的身份证”，被广泛应用于标识学术信息、专业数据、政府信息等数字资源，更是如今学术期刊和学位论文标配的“出生证”“身份证”。通过 DOI 链接，可以准确、及时地获取数字资源的全文、链接引用文献、建立文献之间的引用关系以及追踪科学数据的引用情况，使读者在通过互联网检索和获取更多数字资源的同

① International DOI Foundation，DOI Registration Agencies，http://www.doi.org/registration_agencies.html，最后登录日期为 2017 年 2 月 9 日。

时，能够非常明确方便地了解这些文献的来源，从而促进引用的规范和知识产权的保护。而基于 DOI 开发和优化的新型信息工具更是极大地提升了学术期刊及各学术机构侦测学术不端行为的能力。例如，“CorssRef”组织开发的“CrossCheck”抄袭侦测系统是目前应用最广泛的英文论文检测工具；而“DataCite”数据中心是最早开始科学数据注册的注册代理机构，并提供一系列科学数据权属管理、数据查重、数据查新的服务。

语义分析技术（Semantic Parsing Technology）的发展进一步将抄袭侦测技术提升到了新的层次。虽然此前已有相当多数量和种类的信息系统或工具用以协助检测抄袭，比较常见的包括英文类的“CopyCatch”（CFL Software Limited，2011）、“EVE2”(Canexus Inc.，2011)、“Turnitin”(iParadigms，2011）等检测软件，中文类的以“AMLC”(清华同方，2008）为代代表，但它们多数还存在逐字逐句比对的问题，只能检测出通过“复制—粘贴”进行抄袭的段落，而对改写过的内容却无法检测，许多抄袭者通过简单改写、变换语序、将文字改作图表或将表格转换为图片格式等简单的手段就能够逃避检测。这主要是因为目前的检测系统大多依赖于旧有的非自然语言的处理方法，单纯使用字串对比、数字指纹对比或基于“VSM ”（Vector Space Model）的一些方法。而语义分析技术发展的核心就是通过建立高效的算法、模型和系统，使机器能够识别各类数字信息的真正含义，实现对词汇级、句子级和篇章级的自动语义分析，从而实现对真实语句内容理解的检测，提升抄袭侦测的智能化程度。从 2005 年开始，科学引文索引数据库（SCI）中通过优化语义处理算法实现抄袭侦测的论文数量急剧上升，语义分析技术在抄袭侦测方面的应用价值受到了广泛关注，并且已经在最近的一些抄袭侦测系统中投入使用（见图 5—2）。

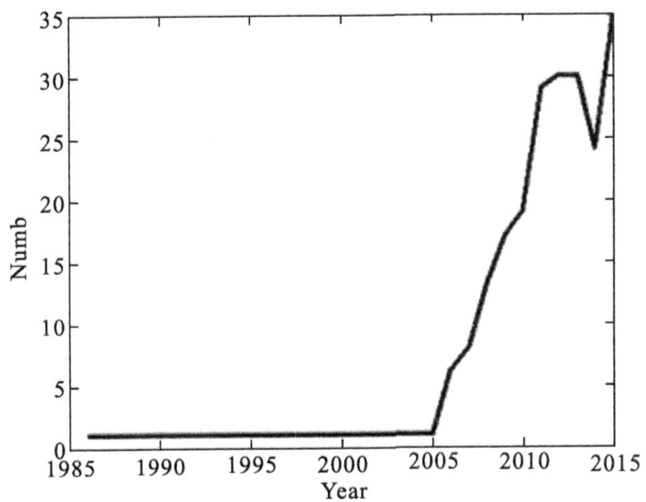

图 5—2　SCI 数据库计算机科学领域通过语义分析技术实现抄袭侦测的论文增长趋势

"CrossCheck"当属联合 DOI 系统和语义分析技术而开发的最具代表性的抄袭检测系统之一。它由美国的 DOI 代理注册机构"CrossRef"与国际科学技术与医学出版商协会（International Association of Scientific，Technical and Medical Publishers，STM）联合委托"iParadigms"

公司开发，2008年正式向全球发布并成为“iParadigms”公司旗下著名的抄袭侦测服务“iThenticate”的重要组成部分，旨在依靠信息技术的发展帮助学术界和出版界严正全球学术风气，防止学术剽窃和欺诈，保护学术研究和文字出版者的原创版权。DOI系统和语义分析技术分别为“CrossCheck”系统的两大重要功能提供了基础，包括一个基于全球学术出版物所组成的庞大数据库以及一个基于网页的比对检验工具：“CrossRef”作为全球注册量最大的DOI代理注册机构能够为“CrossCheck”提供海量且持续增长的数字资源，包括作为其注册会员的600多家出版商以及诸如“PubMed”“arXiv”“EBSCO”“Gale”等著名的学术机构数据库。截至2015年，据估计“CrossCheck”的潜在数据资源包含大约126 260篇来自学术期刊的已发表论文，超过420万篇单独来自已出版的学术著作、书籍的文章，以及约600亿网页，并且以每月新上传超过190 000篇论文的速度持续增长①。而“iThenticate”作为行业内领先的检测技术拥有者为“CrossCheck”对文档内含有的不恰当的引用，或潜在的剽窃行为进行更好的侦测和比对提供了必要的语义分析技术支持。

---

① 参见iThenticate/CrossCheck系统介绍，http://www.ithenticate.com.cn/introduce/，最后登录日期为2017年2月9日。

“CrossCheck”能够针对每份提交检测的论文生成一份原创性报告。原创性报告包含两个重要指标，即整体相似性指数（overall similarity index，OSI）和单一来源匹配相似性指数（single match similarity index，SMSI），前者表示提交检测论文与“iThenticate”数据库中所含所有数据的相似程度，后者表示提交论文与某单一文献来源的重合程度，较高的“OSI”和“SMSI”都能够提示可能存在抄袭行为，应当引起编辑和其他检测者的重视。另外，原创性报告还将以百分比表示，将相似的文本标示出来，并且自动追踪抄袭文献来源，清晰地标注在相似的段落上①。

目前，“CrossCheck”在全球学术界和出版界受到普遍的认可和广泛的应用。全球学术与专业出版者协会（ALPSP）将 2008 年的发明创新奖授予了“CrossCheck”，许多大型国际科学出版集团如爱思唯尔、斯普林格、威立·布莱克维尔（Wiley-Blackwell），英国医学杂志（BMJ），泰勒和佛朗西斯（Taylor & Francis）等，以及许多重要的科学学会，如美国促进科学进步协会（AAAS）等均为“CrossCheck”的正式会员。我国的一些英文版学术期刊也陆续成为其会员，开始使用

① Zhang，Y. H.（2016）. Against Plagiarism-A Guide for Editors and Authors (Qualitative and Quantitative Analysis of Scientific and Scholarly Communication). Springer International Publishing.

“CrossCheck”检测抄袭行为。

三、在线同行评议系统的优化

新兴的信息技术固然能够为治理学术不端行为提供全新的解决模式和渠道，然而信息技术在其发展过程中自身存在的不足和漏洞也常常被人利用，形成许多新型的学术不端行为。最近，斯普林格及爱思唯尔等著名学术出版商在旗下多个杂志中发现的一系列操纵同行评议案例就颇具代表性。

在过去编辑与审稿人直接联系并通过信件交换稿件和评审意见的模式下，想要通过同行评议造假来使自己的论文得以发表几乎是不太可能的事情。但自从出版商开始广泛使用在线的投稿系统，进行电子化的发送与接收之后，信息系统的安全漏洞就被一些行为不端的投稿人发现并利用。从 2012 年“撤稿观察”第一次报道韩国研究员文亨仁（Hyung-In Moon）被证实利用在线投稿系统实行同行评议欺诈而被撤稿开始，到 2015 年各大学术期刊集中爆发同类问题，短短两年时间内仅被发现的因同行评议造假而被撤销的文章就高达 1 500 余篇，成为发生率非常高的新型学术不端行为，占同期所有撤稿原因的 15%①。

① Retraction Watch，64 more papers retracted for fake reviews，this time from Springer journals，https://retractionwatch.com/2015/08/17/64-more-papers-retracted-for-fake-reviews-this-time-from-springer-journals

这些操纵同行评议的行为，主要发生在允许作者推荐审稿人的在线投稿过程中，由于缺乏对审稿人身份验证的机制，投稿人通过虚构审稿人、伪造审稿人的信息（特别是邮箱地址）、盗取审稿人登录密码等手段，假扮审稿人登录在线投稿系统，反馈有利于自己的虚假审稿意见。例如，“ScholarOne”是许多期刊使用的在线投稿系统，当一名学者被邀请成为审稿人对论文进行评议时，“ScholarOne”会向其发送一封包含登录信息的邮件。如果这封邮件发送到了一个伪造的邮箱地址，收件人就可以通过它注册任何用户名并登录系统进行审稿，无须再提供额外的身份验证。艾瑞斯系统公司（Aries System）制作的“编辑管家”（Editorial Manager）也存在类似的安全隐患，如用户忘记密码，该系统会直接把密码以文本的形式发送到用户的邮箱中，这很容易导致密码的泄露，使身份不明的人有机会登录系统并获取权限。2012 年，爱思唯尔公司旗下期刊《光学与激光技术》（*Optics & Laser Technology*）就出现了不明身份者盗取编辑账号密码的情况，这些冒牌编辑将论文大量地发送给冒牌审稿人，冒牌审稿人又反馈虚假的审稿意见，造成了相当混乱的局面。

针对这一新的学术不端行为，各大学术出版商都采取了积极的应对措施，包括建立更加完善的审稿制度，避免使用作者推荐的审稿人以及强化账户安全等措施。斯普林格旗下以《遗传代谢疾病》（*Journal of Inherited*

Metabolic Disease）编辑团队为代表，建立起一套三层制的编辑审查机制，投稿论文首先由编辑审查，随后编辑团队就审查意见进行交流，然后才进行正式的同行评议——最后编辑团队会对反馈的评审意见进行汇总和检视，将那些给予稿件过分正面评价的评审意见进行标记，提示重点关注是否存在同行评议造假的问题。爱思唯尔则开始尝试将旗下 100 多个期刊系统中的账号进行整合，以发现和清除那些可疑的、虚假的账号①。

除此之外，对于在线投稿系统的优化和升级势在必行，许多期刊开始注重采用新的信息技术加强在线系统的安全性。目前最常用的方法是将开放型研究者和贡献者唯一辨识码（the Open Researcher and Contributor ID，ORCID）引入在线审稿系统。“ORCID”的开发和设计正是为了解决全球学术研究者和贡献者经常发生混淆和错误的现实问题，从而促进学术文献和科学数据的溯源和正确引用，减少学术不端行为的发生机会。2012 年，“ORCID”正式投入使用，它赋予每一位学者唯一的身份号码，即使工作单位、研究领域等特征信息发生变化，仍然可以通过“ORCID”追溯到他们全部的学术情况。这有助于提升在线投稿系统对各环节中投稿人、审稿人以及

① Ferguson C，Marcus A，Oransky I. Publishing：The peer-review scam [J]. *Nature*，2014，515（7528）：480－482.

编辑的身份验证能力，较好地遏制目前所面临的操纵同行评议行为。

【案例 19】在线审稿系统漏洞与同行评议造假案

韩国庆州市东国大学的药用植物研究员文亨仁是最早被“撤稿观察”（Retraction Watch）披露的利用在线投稿系统同行评议造假的作者。他在向英富曼（Informa Healthcare）旗下期刊投稿时，由于所有的评审意见反馈都异乎寻常的迅速和正面，引起了《酶抑制与医药化学期刊》（*The Journal of Enzyme Inhibition and Medicinal Chemistry*）主编克劳迪乌·苏普兰（Claudiu Supuran）的怀疑。

2012 年，克劳迪乌·苏普兰直接向文亨仁提出了自己的怀疑，文亨仁也很快承认了他操纵同行评议的行为。那时他还以为这只是为了加速自己论文发表而耍的一点“小聪明”。据文亨仁本人承认，由于包括《酶抑制与医药化学期刊》在内的英富曼出版社旗下的期刊都会允许论文作者自己推荐几名同行评审人选，并且在大多数时候都依据作者提供的评审人信息发送邮件进行联系，于是他利用了这一漏洞。在文亨仁提交的推荐名单中，有的名字是真实存在的科学家，有的是虚构的，而随姓名附上的电子邮件地址都是伪造的——这些邮箱事实上属于他本人或他的同事。最终，文亨仁被撤销了 35 篇已发表的论文，并受到国内外学界与社会舆论的长期批评。

（信息来源：“撤稿观察”https：// retractionwatch. com/2012/09/17/retraction-count-for-scientist-who-faked-emails-to-do-his-own-peer-review-grows-to-35/；《自然》期刊新闻与评论专栏 https：//www. nature. com/news/publishing-the-peer-review-scam-1. 16400）

2014 年 7 月 8 日，中国台湾屏东教育大学副教授陈震远（Peter Chen）因涉嫌同行评议造假，被著名学术出版商赛捷（SAGE）公司旗下《振动与控制杂志》（*Journal of Vibration and Control*，*JVC*）撤销了 60 篇与之相关的已发表论文。赛捷经过 14 个月的调查发现，陈震远利用“ScholarOne”的技术漏洞，通过虚构和伪造身份操纵在线投稿系统的同行评议环节。他使用不同的别名和电子邮件地址创建了多个账户，然后利用这些账户伪装成不同的学者对自己的论文进行审稿，并反馈积极的审稿意见使自己的论文得以发表。

这起丑闻引起了台湾学术界的震动，除陈震远本人于 2015 年 2 月离职并被要求退还科研经费外，时任台湾地区教育主管部门负责人的蒋伟宁也受到牵连。蒋伟宁作为共同作者，曾经在这些被撤稿的 60 篇论文中的 5 篇中署名。虽然他本人表示对陈震远的同行评议造假行为并不知情，但在巨大的舆论压力下，蒋伟宁召开了记者发布会宣布引咎辞职。2015 年 2 月 6 日，台湾地区相关部门在经过调查后最终认定蒋伟宁共同署名的论文没有发现抄袭等其他方面的学术不端问题，但对于共同署名发表的论文未善尽督导之责，处以停职一年。

（信息来源："撤稿观察"https：//retractionwatch. com/2017/03/20/japan-taiwan-taking-closer-look-fraud-stop/；凤凰资讯 http：//news. ifeng. com/a/20140716/41177523_0. shtml）

表 5-1　全球被撤稿数最多的前十位科技论文作者名单

姓名	单位与职位	撤稿总数	链接
藤井善隆（Yoshitaka Fujii）	日本东邦大学前麻醉学者	184 篇	http：// retractionwatch. com/category/yoshitaka-fujii/
约阿希姆·博尔特（Joachim Boldt）	德国路德维希港医院的首席麻醉学家	89 篇	http：// retractionwatch. com/category/joachim-boldt-retractions/
陈震远（Peter Chen）	中国台湾屏东教育大学工程师	60 篇	http：// retractionwatch. com/2014/07/08/sage-publications-busts-peer-review-and-citation-ring-60-papers-retracted/
戴德瑞克·斯塔佩尔（DiederikStapel）	荷兰蒂尔堡大学心理学家	54 篇	http：// retractionwatch. com/category/diederik-stapel/
加藤成亮（Shigeaki Kato）	日本东京大学内分泌学家	36 篇	http：// retractionwatch. com/category/shigeaki-kato/
昂德里克·舍恩（Hendrik Schön）	德国康斯坦茨大学博士	36 篇	https：// en. wikipedia. org/wiki/Sch%C3%B6n_scandal
文亨仁（Hyung-In Moon）	韩国东国大学研究员	35 篇	http：// retractionwatch. com/category/hyung-in-moon/
森直树（Naoki Mori）	琉球大学原病毒学家	32 篇	http：// retractionwatch. com/category/naoki-mori-retractions/

续表5－1

姓名	单位与职位	撤稿总数	链接
斯科特·鲁宾(Scott Reuben)	美国麻省贝斯泰医学中心前主任	22篇	http：// anesthesiologynews.com/Search.aspx?keyword＝"scott+reuben"
弗里德黑尔姆·赫尔曼(Friedhelm Herrmann)	德国乌尔姆大学教授	21篇	http：// www.ncbi.nlm.nih.gov/pubmed/?term=herrmann+f+AND+retracted

注："撤稿观察"公布的全球被撤稿最多的论文作者名单，陈震远名列第三，文亨仁名列第七——利用在线审稿系统漏洞实施同行评议造假正在成为论文撤稿的主要原因之一。资料发布日期为2015年7月16日①。

四、数据发表与保存的新要求

最近几十年来，信息技术的革命与发展影响深远，不仅意味着传统科学研究方法的改变，同时也不断地扩展着学术道德与学术规范的内涵。如今，全球科学政策的主要议题之一就是确定与科学数据相关的学术规范内容。

随着电脑、网络、各种自动传感器和科研仪器在科学研究中的应用，人们获取、存储、处理和及时传输庞大而复杂数据的能力急剧上升，科研数据爆炸性增长的时代已经来临。总的说来，如今的研究范式是数据密集型研究，

① Retraction Watch，Who has the most retractions? Introducing the Retraction Watch leaderboard，https://retractionwatch.com/2015/06/16/who-has-the-most-retractions-introducing-the-retraction-watch-leaderboard

“大数据”和“广泛数据”是这场革命的引擎，为自然、社会和人文科学带来新的机遇。由于科研数据之于科研成果发表的重要意义，以及目前信息技术提供的服务能力，科研数据的存储、发表、检验和再利用在未来将遵循以下规范。

第一，为了检验研究的逻辑性，验证实验的可重复性，当论文发表时，证据型数据、支持数据再分析的相关元数据以及用于计算机数据处理的代码都被要求同时提交，并且随论文发表予以公开，接受检验。目前，专门用以存储研究数据的数据库已经出现，“Databib. org”和“re3data. org”就是两个主要的研究数据存储数据库目录平台，分别与上千个研究数据存储数据库相连，并且还在以每周新增 10 个数据库的速度持续增长①。这些科研数据存储数据库将和学术期刊的论文数据库建立起双向链接，从而更好地保证科学论文的真实性和可验证性。

第二，数据引用变得更加频繁，通过对 2014 年斯高帕斯（Scopus）参考文献和 Databib 数据存储库进行交叉比较研究发现，引用数据集的行为数量在 1996 年到 2013 年之间每年增加 19%，2013 年在 30 000 篇论文中存在引

① The 4th Edition of The STM Report: An overview of scientific and scholarly journal publishing (2015). https://www.stm-assoc.org/2015_02_20_STM_Report_2015.pdf

用数据集[①]。因此，恰当的数据引用规范变得更加重要。2014年，全球学术出版商《引用数据原则联合声明》(*Joint Declaration of Data Citation Principles*）中明确了数据引用规范的八大主要原则。根据这些原则，数据被看作是重要的学术成果，应当遵守基本的学术诚信和成果归属原则，当作者在科研论文中使用他人创建的数据时，数据应当以参考文献的方式进行引用，注明创建者和出处。同时，要求嵌入永久和特异性的标识符（例如DOI）以便实现科研数据的唯一性辨识。当然，数据引用规范依然面临许多挑战，例如动态数据的引用和数据引用中的弱归属性问题是目前亟待解决的课题。

第三，科研数据集逐渐成为类似于论文一样的出版单位，科研数据存储数据库则可以看作学术期刊，如何开展科研数据的编辑、同行评议以及防范其中潜在的学术不端风险都是学术不端治理工作需要面对的时代挑战和关键问题。

---

① Huggett, S.（2014）. A quick look at references to research data repositories. Research Trends（Elsevier）. http://www.researchtrends.com/issue-38-september-2014/aquick-look-at-references-to-research-data-repositories

表 5—2　目前已有的部分科研数据期刊

Journal	Publisher	URL
Biodiversity Data Journal	Pensoft	http://biodiversitydatajournal.com
Dataset Papers in [&] Series(11topics)	Hindawi	http://www.datasets.com/
Earth System Science Data	Copernicus	http://earth-system-science-data.net/
Ecological Archives-Data Papers	Ecological Society of America	http://esapubs.org/archive/instruct_d.htm
F1000 Research	Science Navigation Group	http://f1000research.com
Genomics Data-Data in Brief Papers	Elsevier	http://www.journals.elsevier.com/genomics-data/
Geoscience Data Journal	Wiley	http://www.geosciencedata.com
GigaScience	BGI/ Biomed Central	http://www.gigasciencejournal.com
International Journal of Robotics Research	SAGE	http://ijr.sagepub.com/
Journal of Open [&] Data(4journals)	Ubiquity Press	e.g. http://Openarchaeologydata.metajnl.com/

注：表中列示的期刊为目前已有的部分科研数据期刊。

参考文献

[1] 中共中央马克思恩格斯列宁斯大林著作编译局. 路德维希·费尔巴哈和德国古典哲学的终结 [M] //中共中央马克思恩格斯列宁斯大林著作编译局. 马克思恩格斯选集：第4卷. 北京：人民出版社，1972：236.

[2] 吴定初，王梅. 教育研究道德规范的涵义、功能与作用 [J]. 高等师范教育研究，2002(3)：71—75.

[3] 段伟文. 从科学的道德规范到实践的明智 [J]. 科学与社会，2011(1)：104—113.

[4] 黄瑞雄. 科学、科学评判标准和科学精神 [J]. 广西师范大学学报（哲学社会科学版），2002(2)：1—5.

[5] 李思孟. 近代科学的传入与中国人对科学的误解 [J]. 自然辩证法研究，2003(6)：83—87.

[6] 陈荣富，朱晓卫. 科学精神的永恒丰碑——读马克思、恩格斯著作中的“序”和“跋”[J]. 马克思主义研究，2004(6)：41—47.

[7] 中共中央马克思恩格斯列宁斯大林著作编译局. 马克思恩格

斯选集：第 1 卷［M］. 北京：人民出版社，1972：18.

［8］曾冬梅，邱耕田. 走向融合：新时代科学精神与人文精神的发展趋势［J］. 学术界，2002(5)：60－68.

［9］冯军. 西方伦理的科学化倾向述评［J］. 湖北大学学报（哲学社会科学版），2003(4)：20－23.

［10］张九庆. 自牛顿以来的科学家［M］. 合肥：安徽教育出版社，2002.

［11］教育部科学技术委员会学风建设委员会. 高等学校科学技术学术规范指南［M］. 北京：中国人民大学出版社，2010.

附录一

国务院学位委员会
关于在学位授予工作中
加强学术道德和学术规范建设的意见

学位〔2010〕9号

各省、自治区、直辖市学位委员会，新疆生产建设兵团教育局，有关部门（单位）教育（人事）司（局），中国人民解放军学位委员会，中共中央党校学位评定委员会，各学位授予单位：

自1981年我国实施学位制度以来，各学位授予单位按照《中华人民共和国学位条例》及其暂行实施办法的规定，建立健全规章制度，树立良好学习风气，认真做好学位授予工作，保证了我国学位授予的质量，为我国高层次人才培养做出了重要贡献。近年来，在学位授予工作中出现了一些学术不端行为，损害了我国学位形象。为进一步加强学术道德和学术规范建设，特提出如下意见。

一、在学位授予工作中加强学术道德和学术规范建设，对树立良好学风，培养正直诚信、恪守科学道德、献身科学研究的拔

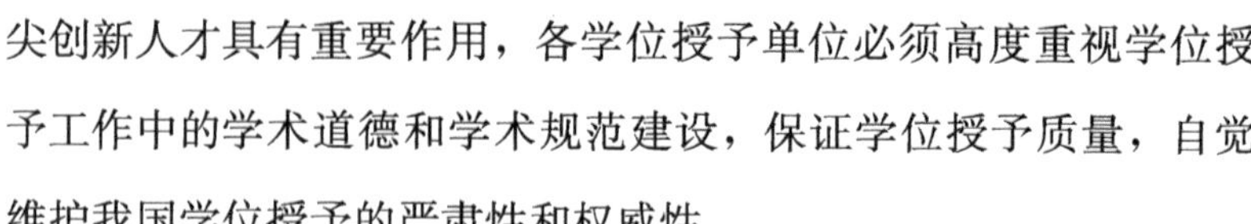

尖创新人才具有重要作用，各学位授予单位必须高度重视学位授予工作中的学术道德和学术规范建设，保证学位授予质量，自觉维护我国学位授予的严肃性和权威性。

二、学位授予单位要建立健全学术道德标准和学术规范，通过各种有效途径，对学位申请者和指导教师进行学术道德和诚信教育。在整个培养过程中，都要安排必修环节，对学位申请者进行学术道德教育和学术规范训练，培养学位申请者严谨的治学态度和求实的科学精神。要进一步加强指导教师的师德教育，督促指导教师自觉维护学术尊严和学者声誉，加强学术自律，恪守学术诚信和学术道德。

三、学位授予单位要不断深化学术评价制度改革，改进学术评价方法，完善与学位授予相关的考核评价制度，建立有利于提高学位授予质量的、科学合理的学术评价体系。

四、学位授予单位应依据《中华人民共和国学位条例》及其暂行实施办法的规定，建立和完善对学位授予工作中舞弊作伪行为的惩处机制，制定切实可行的处理办法，惩治舞弊作伪行为，促进学术自律。

五、在学位授予工作中，学位授予单位对以下的舞弊作伪行为，必须严肃处理。

（一）在学位授予工作各环节中，通过不正当手段获取成绩；

（二）在学位论文或在学期间发表学术论文中存在学术不端行为；

（三）购买或由他人代写学位论文；

（四）其他学术舞弊作伪行为。

六、学位评定委员会是各学位授予单位负责处理学位授予工作中舞弊作伪行为的评决机构。学位授予单位在处理舞弊作伪行为时，要遵循客观、公正、合法的原则，根据舞弊作伪行为的性质和情节轻重，依据法律、法规和有关规章制度对相关人员做如下处理。

（一）对于学位申请者或学位获得者，可分别做出暂缓学位授予、不授予学位或撤销学位授予的处理；

（二）对于指导教师，可做出暂停招生、取消导师资格的处理；严重败坏学术道德的，由学位授予单位依据国家有关学术不端行为处理办法进行处理；

（三）对于参与舞弊作伪行为的相关人员，由学位授予单位按照有关规定进行处理。

处理结果应报省级学位委员会（军队系统报军队学位委员会）备案，并在一定范围内公开，接受社会监督。

七、学位授予单位调查和处理舞弊作伪行为，要规范程序，查清事实，掌握证据，正确把握政策界限；要对举报人提供必要的保护；要建立合理规范的复议程序，接受被调查者的复议申请，并在规定时间内做出复议决定；要维护被调查者的人格尊严和正当合法权益；对受到不当指控的单位和个人要及时予以澄清。

八、学位授予单位是国家授权从事学位工作的法人单位，对保证学位授予质量负有直接责任，要认真履行职责，加强领导，依据本《意见》精神，完善相关规章制度，制定实施细则，采取切实有效的措施，在学位授予工作中加强学术道德和学术规范建设，努力营造良好的学术环境。

九、各省级学位委员会和军队学位委员会应对本区域或本系统学位授予单位落实本《意见》情况进行监督，指导、协助学位授予单位在学位授予工作中做好学术道德和学术规范建设。

国务院学位委员会

二〇一〇年二月九日

附录二

国家教育考试违规处理办法

（2004 年 5 月 19 日中华人民共和国教育部令

第 18 号发布，根据 2012 年 1 月 5 日《教育部关于

修改〈国家教育考试违规处理办法〉的决定》修正）

第一章　总　　则

第一条　为规范对国家教育考试违规行为的认定与处理，维护国家教育考试的公平、公正，保障参加国家教育考试的人员（以下简称考生）、从事和参与国家教育考试工作的人员（以下简称考试工作人员）的合法权益，根据《中华人民共和国教育法》及相关法律、行政法规，制定本办法。

第二条　本办法所称国家教育考试是指普通和成人高等学校招生考试、全国硕士研究生招生考试、高等教育自学考试等，由国务院教育行政部门确定实施，由经批准的实施教育考试的机构承办，面向社会公开、统一举行，其结果作为招收学历教育学生或者取得国家承认学历、学位证书依据的测试活动。

第三条　对参加国家教育考试的考生以及考试工作人员、其

他相关人员，违反考试管理规定和考场纪律，影响考试公平、公正行为的认定与处理，适用本办法。

对国家教育考试违规行为的认定与处理应当公开、公平、合法适当。

第四条 国务院教育行政部门及地方各级人民政府教育行政部门负责全国或者本地区国家教育考试组织工作的管理与监督。

承办国家教育考试的各级教育考试机构负责有关考试的具体实施，依据本办法，负责对考试违规行为的认定与处理。

第二章 违规行为的认定与处理

第五条 考生不遵守考场纪律，不服从考试工作人员的安排与要求，有下列行为之一的，应当认定为考试违纪：

（一）携带规定以外的物品进入考场或者未放在指定位置的；

（二）未在规定的座位参加考试的；

（三）考试开始信号发出前答题或者考试结束信号发出后继续答题的；

（四）在考试过程中旁窥、交头接耳、互打暗号或者手势的；

（五）在考场或者教育考试机构禁止的范围内，喧哗、吸烟或者实施其他影响考场秩序的行为的；

（六）未经考试工作人员同意在考试过程中擅自离开考场的；

（七）将试卷、答卷（含答题卡、答题纸等，下同）、草稿纸等考试用纸带出考场的；

（八）用规定以外的笔或者纸答题或者在试卷规定以外的地方书写姓名、考号或者以其他方式在答卷上标记信息的；

（九）其他违反考场规则但尚未构成作弊的行为。

第六条 考生违背考试公平、公正原则，在考试过程中有下列行为之一的，应当认定为考试作弊：

（一）携带与考试内容相关的材料或者存储有与考试内容相关资料的电子设备参加考试的；

（二）抄袭或者协助他人抄袭试题答案或者与考试内容相关的资料的；

（三）抢夺、窃取他人试卷、答卷或者胁迫他人为自己抄袭提供方便的；

（四）携带具有发送或者接收信息功能的设备的；

（五）由他人冒名代替参加考试的；

（六）故意销毁试卷、答卷或者考试材料的；

（七）在答卷上填写与本人身份不符的姓名、考号等信息的；

（八）传、接物品或者交换试卷、答卷、草稿纸的；

（九）其他以不正当手段获得或者试图获得试题答案、考试成绩的行为。

第七条 教育考试机构、考试工作人员在考试过程中或者在考试结束后发现下列行为之一的，应当认定相关的考生实施了考试作弊行为：

（一）通过伪造证件、证明、档案及其他材料获得考试资格、加分资格和考试成绩的；

（二）评卷过程中被认定为答案雷同的；

（三）考场纪律混乱、考试秩序失控，出现大面积考试作弊现象的；

（四）考试工作人员协助实施作弊行为，事后查实的；

（五）其他应认定为作弊的行为。

第八条 考生及其他人员应当自觉维护考试秩序，服从考试工作人员的管理，不得有下列扰乱考试秩序的行为：

（一）故意扰乱考点、考场、评卷场所等考试工作场所秩序；

（二）拒绝、妨碍考试工作人员履行管理职责；

（三）威胁、侮辱、诽谤、诬陷或者以其他方式侵害考试工作人员、其他考生合法权益的行为；

（四）故意损坏考场设施设备；

（五）其他扰乱考试管理秩序的行为。

第九条 考生有第五条所列考试违纪行为之一的，取消该科目的考试成绩。

考生有第六条、第七条所列考试作弊行为之一的，其所报名参加考试的各阶段、各科成绩无效；参加高等教育自学考试的，当次考试各科成绩无效。

有下列情形之一的，可以视情节轻重，同时给予暂停参加该项考试 1 至 3 年的处理；情节特别严重的，可以同时给予暂停参加各种国家教育考试 1 至 3 年的处理：

（一）组织团伙作弊的；

（二）向考场外发送、传递试题信息的；

（三）使用相关设备接收信息实施作弊的；

（四）伪造、变造身份证、准考证及其他证明材料，由他人代替或者代替考生参加考试的。

参加高等教育自学考试的考生有前款严重作弊行为的，也可以给予延迟毕业时间 1 至 3 年的处理，延迟期间考试成绩无效。

第十条　考生有第八条所列行为之一的，应当终止其继续参加本科目考试，其当次报名参加考试的各科成绩无效；考生及其他人员的行为违反《中华人民共和国治安管理处罚法》的，由公安机关进行处理；构成犯罪的，由司法机关依法追究刑事责任。

第十一条　考生以作弊行为获得的考试成绩并由此取得相应的学位证书、学历证书及其他学业证书、资格资质证书或者入学资格的，由证书颁发机关宣布证书无效，责令收回证书或者予以没收；已经被录取或者入学的，由录取学校取消录取资格或者其学籍。

第十二条　在校学生、在职教师有下列情形之一的，教育考试机构应当通报其所在学校，由学校根据有关规定严肃处理，直至开除学籍或者予以解聘：

（一）代替考生或者由他人代替参加考试的；

（二）组织团伙作弊的；

（三）为作弊组织者提供试题信息、答案及相应设备等参与团伙作弊行为的。

第十三条　考试工作人员应当认真履行工作职责，在考试管理、组织及评卷等工作过程中，有下列行为之一的，应当停止其参加当年及下一年度的国家教育考试工作，并由教育考试机构或者建议其所在单位视情节轻重分别给予相应的行政处分：

（一）应回避考试工作却隐瞒不报的；

（二）擅自变更考试时间、地点或者考试安排的；

（三）提示或暗示考生答题的；

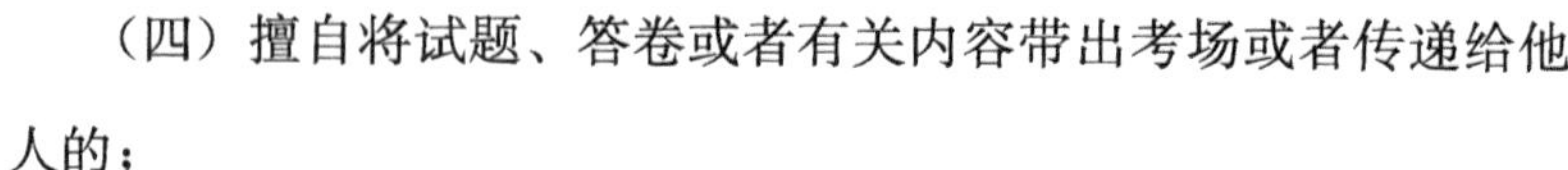

（四）擅自将试题、答卷或者有关内容带出考场或者传递给他人的；

（五）未认真履行职责，造成所负责考场出现秩序混乱、作弊严重或者视频录像资料损毁、视频系统不能正常工作的；

（六）在评卷、统分中严重失职，造成明显的错评、漏评或者积分差错的；

（七）在评卷中擅自更改评分细则或者不按评分细则进行评卷的；

（八）因未认真履行职责，造成所负责考场出现雷同卷的；

（九）擅自泄露评卷、统分等应予保密的情况的；

（十）其他违反监考、评卷等管理规定的行为。

第十四条 考试工作人员有下列作弊行为之一的，应当停止其参加国家教育考试工作，由教育考试机构或者其所在单位视情节轻重分别给予相应的行政处分，并调离考试工作岗位；情节严重，构成犯罪的，由司法机关依法追究刑事责任：

（一）为不具备参加国家教育考试条件的人员提供假证明、证件、档案，使其取得考试资格或者考试工作人员资格的；

（二）因玩忽职守，致使考生未能如期参加考试的或者使考试工作遭受重大损失的；

（三）利用监考或者从事考试工作之便，为考生作弊提供条件的；

（四）伪造、变造考生档案（含电子档案）的；

（五）在场外组织答卷、为考生提供答案的；

（六）指使、纵容或者伙同他人作弊的；

（七）偷换、涂改考生答卷、考试成绩或者考场原始记录材料的；

（八）擅自更改或者编造、虚报考试数据、信息的；

（九）利用考试工作便利，索贿、受贿、以权徇私的；

（十）诬陷、打击报复考生的。

第十五条　因教育考试机构管理混乱、考试工作人员玩忽职守，造成考点或者考场纪律混乱，作弊现象严重；或者同一考点同一时间的考试有 1/5 以上考场存在雷同卷的，由教育行政部门取消该考点当年及下一年度承办国家教育考试的资格；高等教育自学考试考区内一个或者一个以上专业考试纪律混乱，作弊现象严重，由高等教育自学考试管理机构给予该考区警告或者停考该考区相应专业 1 至 3 年的处理。

对出现大规模作弊情况的考场、考点的相关责任人、负责人及所属考区的负责人，有关部门应当分别给予相应的行政处分；情节严重，构成犯罪的，由司法机关依法追究刑事责任。

第十六条　违反保密规定，造成国家教育考试的试题、答案及评分参考（包括副题及其答案及评分参考，下同）丢失、损毁、泄密，或者使考生答卷在保密期限内发生重大事故的，由有关部门视情节轻重，分别给予责任人和有关负责人行政处分；构成犯罪的，由司法机关依法追究刑事责任。

盗窃、损毁、传播在保密期限内的国家教育考试试题、答案及评分参考、考生答卷、考试成绩的，由有关部门依法追究有关人员的责任；构成犯罪的，由司法机关依法追究刑事责任。

第十七条　有下列行为之一的，由教育考试机构建议行为人

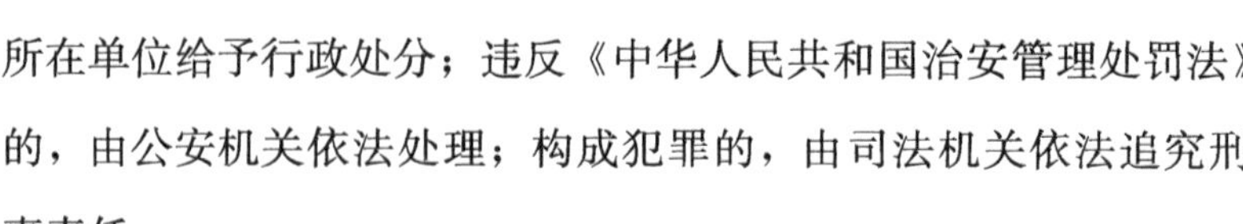

所在单位给予行政处分；违反《中华人民共和国治安管理处罚法》的，由公安机关依法处理；构成犯罪的，由司法机关依法追究刑事责任：

（一）指使、纵容、授意考试工作人员放松考试纪律，致使考场秩序混乱、作弊严重的；

（二）代替考生或者由他人代替参加国家教育考试的；

（三）组织或者参与团伙作弊的；

（四）利用职权，包庇、掩盖作弊行为或者胁迫他人作弊的；

（五）以打击、报复、诬陷、威胁等手段侵犯考试工作人员、考生人身权利的；

（六）向考试工作人员行贿的；

（七）故意损坏考试设施的；

（八）扰乱、妨害考场、评卷点及有关考试工作场所秩序后果严重的。

国家工作人员有前款行为的，教育考试机构应当建议有关纪检、监察部门，根据有关规定从重处理。

第三章　违规行为认定与处理程序

第十八条　考试工作人员在考试过程中发现考生实施本办法第五条、第六条所列考试违纪、作弊行为的，应当及时予以纠正并如实记录；对考生用于作弊的材料、工具等，应予暂扣。

考生违规记录作为认定考生违规事实的依据，应当由 2 名以上监考员或者考场巡视员、督考员签字确认。

考试工作人员应当向违纪考生告知违规记录的内容，对暂扣的考生物品应填写收据。

第十九条　教育考试机构发现本办法第七条、第八条所列行为的，应当由2名以上工作人员进行事实调查，收集、保存相应的证据材料，并在调查事实和证据的基础上，对所涉及考生的违规行为进行认定。

考试工作人员通过视频发现考生有违纪、作弊行为的，应当立即通知在现场的考试工作人员，并应当将视频录像作为证据保存。教育考试机构可以通过视频录像回放，对所涉及考生违规行为进行认定。

第二十条　考点汇总考生违规记录，汇总情况经考点主考签字认定后，报送上级教育考试机构依据本办法的规定进行处理。

第二十一条　考生在普通和成人高等学校招生考试、高等教育自学考试中，出现第五条所列考试违纪行为的，由省级教育考试机构或者市级教育考试机构做出处理决定，由市级教育考试机构做出的处理决定应报省级教育考试机构备案；出现第六条、第七条所列考试作弊行为的，由市级教育考试机构签署意见，报省级教育考试机构处理，省级教育考试机构也可以要求市级教育考试机构报送材料及证据，直接进行处理；出现本办法第八条所列扰乱考试秩序行为的，由市级教育考试机构签署意见，报省级教育考试机构按照前款规定处理，对考生及其他人员违反治安管理法律法规的行为，由当地公安部门处理；评卷过程中发现考生有本办法第七条所列考试作弊行为的，由省级教育考试机构做出处理决定，并通知市级教育考试机构。

考生在参加全国硕士研究生招生考试中的违规行为，由组织考试的机构认定，由相关省级教育考试机构或者受其委托的组织考试的机构做出处理决定。

在国家教育考试考场视频录像回放审查中认定的违规行为，由省级教育考试机构认定并做出处理决定。

参加其他国家教育考试考生违规行为的处理由承办有关国家教育考试的考试机构参照前款规定具体确定。

第二十二条 教育行政部门和其他有关部门在考点、考场出现大面积作弊情况或者需要对教育考试机构实施监督的情况下，应当直接介入调查和处理。

发生第十四、十五、十六条所列案件，情节严重的，由省级教育行政部门会同有关部门共同处理，并及时报告国务院教育行政部门；必要时，国务院教育行政部门参与或者直接进行处理。

第二十三条 考试工作人员在考场、考点及评卷过程中有违反本办法的行为的，考点主考、评卷点负责人应当暂停其工作，并报相应的教育考试机构处理。

第二十四条 在其他与考试相关的场所违反有关规定的考生，由市级教育考试机构或者省级教育考试机构做出处理决定；市级教育考试机构做出的处理决定应报省级教育考试机构备案。

在其他与考试相关的场所违反有关规定的考试工作人员，由所在单位根据市级教育考试机构或者省级教育考试机构提出处理意见，进行处理，处理结果应当向提出处理的教育考试机构通报。

第二十五条 教育考试机构在对考试违规的个人或者单位做出处理决定前，应当复核违规事实和相关证据，告知被处理人或者单位做出处理决定的理由和依据；被处理人或者单位对所认定的违规事实认定存在异议的，应当给予其陈述和申辩的机会。

给予考生停考处理的，经考生申请，省级教育考试机构应当举行听证，对作弊的事实、情节等进行审查、核实。

第二十六条　教育考试机构做出处理决定应当制作考试违规处理决定书，载明被处理人的姓名或者单位名称、处理事实根据和法律依据、处理决定的内容、救济途径以及做出处理决定的机构名称和做出处理决定的时间。

考试违规处理决定书应当及时送达被处理人。

第二十七条　考生或者考试工作人员对教育考试机构做出的违规处理决定不服的，可以在收到处理决定之日起 15 日内，向其上一级教育考试机构提出复核申请；对省级教育考试机构或者承办国家教育考试的机构做出的处理决定不服的，也可以向省级教育行政部门或者授权承担国家教育考试的主管部门提出复核申请。

第二十八条　受理复核申请的教育考试机构、教育行政部门应对处理决定所认定的违规事实和适用的依据等进行审查，并在受理后 30 日内，按照下列规定做出复核决定：

（一）处理决定认定事实清楚、证据确凿，适用依据正确，程序合法，内容适当的，决定维持；

（二）处理决定有下列情况之一的，决定撤销或者变更：

1. 违规事实认定不清、证据不足的；

2. 适用依据错误的；

3. 违反本办法规定的处理程序的。

做出决定的教育考试机构对因错误的处理决定给考生造成的损失，应当予以补救。

第二十九条 申请人对复核决定或者处理决定不服的，可以依法申请行政复议或者提起行政诉讼。

第三十条 教育考试机构应当建立国家教育考试考生诚信档案，记录、保留在国家教育考试中作弊人员的相关信息。国家教育考试考生诚信档案中记录的信息未经法定程序，任何组织、个人不得删除、变更。

国家教育考试考生诚信档案可以依申请接受社会有关方面的查询，并应当及时向招生学校或单位提供相关信息，作为招生参考条件。

第三十一条 省级教育考试机构应当及时汇总本地区违反规定的考生及考试工作人员的处理情况，并向国家教育考试机构报告。

第四章　附　　则

第三十二条 本办法所称考场是指实施考试的封闭空间；所称考点是指设置若干考场独立进行考务活动的特定场所；所称考区是指由省级教育考试机构设置，由若干考点组成，进行国家教育考试实施工作的特定地区。

第三十三条 非全日制攻读硕士学位全国考试、中国人民解放军高等教育自学考试及其他各级各类教育考试的违规处理可以参照本办法执行。

第三十四条 本办法自发布之日起施行。此前教育部颁布的各有关国家教育考试的违规处理规定同时废止。

附录三

学位论文作假行为处理办法

（中华人民共和国教育部令第 34 号）

《学位论文作假行为处理办法》已经 2012 年 6 月 12 日第 22 次部长办公会议审议通过，并经国务院学位委员会同意，现予发布，自 2013 年 1 月 1 日起施行。

教育部部长　袁贵仁

2012 年 11 月 13 日

第一条　为规范学位论文管理，推进建立良好学风，提高人才培养质量，严肃处理学位论文作假行为，根据《中华人民共和国学位条例》《中华人民共和国高等教育法》，制定本办法。

第二条　向学位授予单位申请博士、硕士、学士学位所提交的博士学位论文、硕士学位论文和本科学生毕业论文（毕业设计或其他毕业实践环节）（统称为学位论文），出现本办法所列作假情形的，依照本办法的规定处理。

第三条　本办法所称学位论文作假行为包括下列情形：

（一）购买、出售学位论文或者组织学位论文买卖的；

（二）由他人代写、为他人代写学位论文或者组织学位论文代写的；

（三）剽窃他人作品和学术成果的；

（四）伪造数据的；

（五）有其他严重学位论文作假行为的。

第四条 学位申请人员应当恪守学术道德和学术规范，在指导教师指导下独立完成学位论文。

第五条 指导教师应当对学位申请人员进行学术道德、学术规范教育，对其学位论文研究和撰写过程予以指导，对学位论文是否由其独立完成进行审查。

第六条 学位授予单位应当加强学术诚信建设，健全学位论文审查制度，明确责任、规范程序，审核学位论文的真实性、原创性。

第七条 学位申请人员的学位论文出现购买、由他人代写、剽窃或者伪造数据等作假情形的，学位授予单位可以取消其学位申请资格；已经获得学位的，学位授予单位可以依法撤销其学位，并注销学位证书。取消学位申请资格或者撤销学位的处理决定应当向社会公布。从做出处理决定之日起至少3年内，各学位授予单位不得再接受其学位申请。

前款规定的学位申请人员为在读学生的，其所在学校或者学位授予单位可以给予开除学籍处分；为在职人员的，学位授予单位除给予纪律处分外，还应当通报其所在单位。

第八条 为他人代写学位论文、出售学位论文或者组织学位论文买卖、代写的人员，属于在读学生的，其所在学校或者学位授予单位可以给予开除学籍处分；属于学校或者学位授予单位的教师和其他工作人员的，其所在学校或者学位授予单位可以给予开除处分或者解除聘任合同。

第九条　指导教师未履行学术道德和学术规范教育、论文指导和审查把关等职责，其指导的学位论文存在作假情形的，学位授予单位可以给予警告、记过处分；情节严重的，可以降低岗位等级直至给予开除处分或者解除聘任合同。

第十条　学位授予单位应当将学位论文审查情况纳入对学院（系）等学生培养部门的年度考核内容。多次出现学位论文作假或者学位论文作假行为影响恶劣的，学位授予单位应当对该学院（系）等学生培养部门予以通报批评，并可以给予该学院（系）负责人相应的处分。

第十一条　学位授予单位制度不健全、管理混乱，多次出现学位论文作假或者学位论文作假行为影响恶劣的，国务院学位委员会或者省、自治区、直辖市人民政府学位委员会可以暂停或者撤销其相应学科、专业授予学位的资格；国务院教育行政部门或者省、自治区、直辖市人民政府教育行政部门可以核减其招生计划；并由有关主管部门按照国家有关规定对负有直接管理责任的学位授予单位负责人进行问责。

第十二条　发现学位论文有作假嫌疑的，学位授予单位应当确定学术委员会或者其他负有相应职责的机构，必要时可以委托专家组成的专门机构，对其进行调查认定。

第十三条　对学位申请人员、指导教师及其他有关人员做出处理决定前，应当告知并听取当事人的陈述和申辩。

当事人对处理决定不服的，可以依法提出申诉、申请行政复议或者提起行政诉讼。

第十四条 社会中介组织、互联网站和个人，组织或者参与学位论文买卖、代写的，由有关主管机关依法查处。

学位论文作假行为违反有关法律法规规定的，依照有关法律法规的规定追究法律责任。

第十五条 学位授予单位应当依据本办法，制定、完善本单位的相关管理规定。

第十六条 本办法自 2013 年 1 月 1 日起施行。

附录四

中国高等学校自然科学学报编排规范[①]

（修订版）

（国家教育委员会办公厅文件，教技厅〔1998〕1号）

（节选）

本规范规定了学报的基本项目、结构和编排格式，适用于高等学校自然科学学报，也可供其他科技期刊参考。

1　引用标准与法规（略）

2　学报的主体

学报中各篇文章的总汇称为学报主体（即除封页、目次页、总目次页或索引，以及与文章无关的广告、插页等之外的部分）。

2.1　页码和页眉

1）每卷或每期学报主体的页码，应以阿拉伯数字连续编码，每期页数应基本稳定，每期的首页和翻开的右页都应为单数页码。

2）每篇文章应尽可能编排成连续页码；必须转页时，应在中

---

① 本规范所涉及的国家标准已由新的国家标准代替，编者将以脚注进行注释说明。若本规范的某些内容与国家标准不一致，应以国家标准为准。

断处加注“下转第×页”，在接页上注明“上接第×页”。每篇文章只宜转页1次，且不得逆转，也不允许由转页而导致接页上的文章产生再转页。

3）每篇论文篇首页的页眉应标明中、英文刊名（英文刊名过长者可按规定缩写），卷次、期号，出版年、月，其页次可用暗码。

4）非篇首页的页眉一般为：双页标明页码、中文刊名、出版年份或卷次；单页标明期次、作者（多于1人可略为第一作者，后加“等”）、题名（副题名可略去）和页码。

2.2　收稿日期

1）收稿日期指编辑部收到文稿的日期，必要时可加注修改稿收到日期。

2）收稿日期可排在篇首页的地脚，并用正线与正文分开；也可排在文末。

2.3　题名

1）题名应以简明、确切的词语反映文章中最重要的特定内容，要符合编制题录、索引和检索的有关原则，并有助于选定关键词。

2）中文题名一般不宜超过20个字，必要时可加副题名。

3）英文题名应与中文题名含义一致。

4）题名应避免使用非公知公用的缩写词、字符、代号，尽量不出现数学式和化学式。

2.4　作者署名和工作单位

1）文章都应有作者署名，它是文责自负和拥有著作权的标志。

2）作者姓名署于题名下方，团体作者的执笔人也可标注于篇首页地脚或文末，简讯等短文的作者可标注于文末。

3）英文摘要中的中国人名和地名应采用《中国人名汉语拼音字母拼写法》的有关规定：人名姓前名后分写，姓、名的首字母大写，名字中间不加连字符；地名中的专名和通名分写，每分写部分的首字母大写。

4）对作者应标明其工作单位全称（如“××大学物理学系”）、所在城市名及邮政编码。建议在作者单位项后面或篇首页地脚标注第一作者的年龄、性别、职称等信息。

2.5　摘要

1）论文都应有摘要（3 000 字以下的文章可以略去）。摘要的编写应符合 GB/T 6447—1986 的规定。

2）摘要的内容包括研究的目的、方法、结果和结论。一般应写成报道性文摘，也可以写成指示性或报道-指示性文摘。

3）摘要应具有独立性和自明性，应是一篇完整的短文。一般不分段，不用图表和非公知公用的符号或术语，不得引用图、表、公式和参考文献的序号。

4）中文摘要的篇幅：报道性的以 300 字左右，指示性的以 100 字左右，报道-指示性的以 200 字左右为宜。

5）英文摘要一般与中文摘要内容相对应。

2.6　关键词

1）关键词是为了便于做文献索引和检索而选取的能反映论文主题概念的词或词组，一般每篇文章标注 3~8 个。

2）关键词应尽量从《汉语主题词表》等词表中选用规范词——叙词，未被词表收录的新学科、新技术中的重要术语和地区、人物、文献、产品及重要数据名称，也可作为关键词标出。

3）中、英文关键词应一一对应。

2.7　分类号

1）为便于检索和编制索引，建议按《中国图书资料分类法》对每篇论文编印分类号。

2）一篇涉及多学科的论文，可以给出几个分类号，主分类号应排在第1位。

2.8　引言

1）引言的内容可包括研究的目的、意义、主要方法、范围和背景等。应开门见山，言简意赅，不要与摘要雷同或成为摘要的注释，避免公式推导和一般性的方法介绍。

2）引言的序号可以不编，也可以编为“0”，不编序号时“引言”二字可以省略。

2.9　论文的正文部分

论文的正文部分系指引言之后、结论之前的部分，是论文的核心，应按GB/T 7713—1987① 的规定格式编写。

2.9.1　层次标题

1）层次标题是指除文章题名外的不同级别的分标题。各级层

---

① GB/T 7713—1987《科学技术报告、学位论文和学术论文的编写格式》部分废止，被替代部分为GB/T 7713.1—2006《学位论文编写规则》、GB/T 7713.3—2009《科技报告编写规则》。2014年GB/T 7713.3—2014《科技报告编写规则》代替GB/T 7713.3—2009《科技报告编写规则》。学术论文的编写规则建议参照GB/T 7713—1987执行。

次标题都要简短明确，同一层次的标题应尽可能“排比”，即词（或词组）类型相同（或相近），意义相关，语气一致。

2）各层次标题一律用阿拉伯数字连续编号；不同层次的数字之间用小圆点“.”相隔。末位数字后面不加点号，如“1”，“2.1”，“3.1.2”等；各层次的序号均左顶格起排，后空1个字距接排标题。

3）各层次标题要醒目，其字体与非标题要有区别。

2.9.2　图

1）图要精选，应具有自明性，切忌与表及文字表述重复。

2）图要精心设计和绘制，要大小适中，线条均匀，主辅线分明。图中文字与符号均应植字，缩尺后字的大小以处于6号至新5号之间为宜。

3）坐标图标目中的量和单位符号应齐全，并分别置于纵、横坐标轴的外侧，一般居中排。横坐标的标目自左至右；纵坐标的标目自下而上，顶左底右。坐标图右侧的纵坐标标目的标注方法同左侧。

4）表中的术语、符号、单位等应与表格及文字表述所用的一致。

5）图若卧排，应顶左底右，即双页图顶向切口，单页图顶向订口。

6）图在文中的布局要合理，一般随文编排，先见文字后见图。图旁空白较大时，可串排文字。

7）插页图版可另编页码，且须在图版上方标识文章的题名和所在页码。

8）图应有以阿拉伯数字连续编号的图序（如仅有 1 个图，图序可定名为“图 1”）和简明的图题。图序和图题间空 1 个字距，一般居中排于图的下方。

2.9.3 表

1）表要精选，应具有自明性。表的内容切忌与插图及文字表述重复。

2）表应精心设计。为使表的结构简洁，建议采用三线表，必要时可加辅助线。

3）项目栏中各栏标注应齐全。若所有栏的单位相同，应将该单位标注在表的右上角，不写“单位”二字。

4）表中的术语、符号、单位等应与插图及文字表述所用的一致。

5）表中内容相同的相邻栏或上下栏，应重复示出或以通栏表示，不能用“同左”“同上”等字样代替。

6）表一般随文排，先见相应文字后见表。表旁空白较大时，可串排文字。

7）表若卧排，应顶左底右，即双页表顶向切口，单页表顶向订口。表若跨页，一般排为双页跨单页。需要转页排的表，应在续表上方居中注明“续表”，续表的表头应重复排出。

8）表应有以阿拉伯数字连续编号的表序（如仅有 1 个表，表序可定名为“表 1”）和简明的表题。表序和表题间空 1 个字距，居中排于表的上方。

2.9.4 数学式和反应式

1）文章中重要的或后文要重新提及的数学式、反应式等可另行起排，并用阿拉伯数字连续编序号。序号加圆括号，右顶格排。

2）数学式需断开，用2行或多行来表示时，最好在紧靠其中符号=，+，−，±，∓，×，·，/等后断开，而在下一行开头不应重复这一符号。

3）反应式需断开，用2行或多行来表示时，最好在紧靠其中符号→，=，⇆，+后断开，而在下一行开头不应重复这一符号。式中的反应条件应用比正文小1号的字符标注于反应关系符号的上下方。

4）化学实验式、分子式、离子式、电子式、反应式、结构式和数学式等的编排，应遵守有关规定；结构式中键的符号与数学符号应严格区别，如单键“—”与减号“−”，双键“═”与等号“=”等不应混淆。

2.9.5　量和单位

1）应严格执行GB 3100～3102—1993规定的量和单位的名称、符号和书写规则。

2）量的符号一般为单个拉丁字母或希腊字母，并一律采用斜体（pH例外）。为区别不同情况，可在量符号上附加角标。

3）在表达量值时，在公式、图、表和文字叙述中，一律使用单位的国际符号，且无例外地用正体。单位符号与数值间要留适当间隙。

4）不许对单位符号进行修饰，如加缩写点、角标、复数形式，或在组合单位符号中插入化学元素符号等说明性记号，等等。

5）在插图和表格中用特定单位表示量的数值时，应当采用量与单位相比的形式，如l/m，m/kg，$c_\mathrm{B}/(\mathrm{mol}\cdot\mathrm{dm}^{-3})$。

6）指数、对数和三角函数中的变量等，都是数、数值或量纲一的量的组合，如 exp（W/kT），lg（p/kPa），sinωt。

7）不能把 ppm，pphm，ppb，ppt，rpm 等缩写字作单位使用。

8）词头不得独立使用，也不能重叠使用。如 μm，不用 μ；pF，不用 $\mu\mu$F。

9）组合单位的分母中一般不加词头，一般也不在分子分母同时加词头。如 kJ/mol 不写成 J/mmol，MV/m 不写成 kV/mm。

2.9.6　数字用法

1）凡是可以使用阿拉伯数字且很得体的地方，均应使用阿拉伯数字。

2）日期和时刻的表示。

a. 公历世纪、年代、年、月、日和时刻用阿拉伯数字。年份不能简写，如 1997 年不能写成 97 年。

b. 日期可采用全数字式写法，如 1993 年 2 月 18 日可表示成 1993-02-18 或 19930218。

c. 日的时刻表示采用 GB/T 7408—1994① 的规定写法，如 15 时 9 分 38.5 秒写成 15∶09∶38.5 或 150938.5。

3）阿拉伯数字的使用规则。

a. 计量和计数单位前的数字应采用阿拉伯数字。

b. 多位的阿拉伯数字不能拆开转行。

---

① GB/T 7408—2005《数据元和交换格式 信息交换 日期和时间表示法》代替 GB/T 7408—1994《数据元和交换格式 信息交换 日期和时间表示法》。

c. 对于计量和计数数字，小数点前或后若超过 4 位数（含 4 位），应从小数点起向左或向右每 3 位空出适当间隙，不用千分撇“,”。

d. 阿拉伯数字不能与除万、亿和 SI 词头中文名称以外的数词连用。如 1 800 000 可写成 180 万；142 500 可写成 14.25 万，不能写成 14 万 2 千 5 百；5 000 元不能写为 5 千元。

e. 纯小数必须写出小数点前用以定位的“0”。

f. 数值的有效数字应全部写出，如“1.500，1.750，2.000”不能写成“1.5，1.75，2”。

4）参数与偏差范围的表示。

a. 数值范围：五至十可写为 5～10；3×10^3～8×10^3，不能写成 3～8×10^3。

b. 百分数范围：20%～30%不能写成 20～30%。

c. 具有相同单位的量值范围：1.5～3.6 mA 不必写成 1.5 mA～3.6 mA。

d. 偏差范围：(25±1)℃不写成 25±1℃；(85±2)%不写成 85±2%。

5）附带尺寸单位的量值相乘写为：50 cm×80 cm×100 cm，不能写成 50×80×100 cm 或 50×80×100 cm^3。

6）汉字数字的使用。

a. 数字作为语素构成定型的词、词组、惯用语、缩略语等必须用汉字书写，如二倍体、一元二次方程、四氧化三铁、十二指肠、十字接头、“九五”计划等。

b. 相邻两个数字并列连用表示概数必须用汉字，数字间不加点号，如七八公里、五十二三岁等。

c. 非公历的历史纪年和日期要用汉字数字，如清咸丰十年九月二十日（1860 年 11 月 2 日）、日本庆应三年（1867 年）、八月十五中秋节等。

2.9.7 外文字母的编排规则

应特别注意外文字母的正斜体、黑白体、大小写和上下角标的表示。

1）外文正体的常用场合。

a. 计量单位和 SI 词头符号。

b. 数学式中的运算符号和缩写号，如微分号 d，偏微分号 ∂，有限增量符号 Δ，变分号 δ，极限 lim，行列式 det，最大值 max 等。

c. 其值不变的数学常数符号：圆周率 π，自然对数的底 e，虚数单位 i（电工中常用 j）。

d. 量符号中为区别其他量而加的具有特定含义的非量符号和非变动性数字符号角标，如势能 E_P，宏观总截面 $\sum_{\mathrm{tot}}$；转置矩阵 A^{T} 等。

e. 仪器、元件、样品等的型号、代号。

f. 生物学中表示拉丁文学名的定名人和亚族以上（含亚族）的拉丁文学名。

g. 用作序号的拉丁字母，如：附录 A，附录 B，附录 C。

2）外文斜体的常用场合。

a. 用字母代表的数、一般函数以及统计学符号等，如：x，y；$\triangle ABC$；f（x）；概率 p，均数 $\bar{x}$。

b. 量符号和量符号中代表量或变动性数字或坐标符号的角标字母，如体积 V，雷诺数Re ，能谱角截面 $\sigma_{\Omega,E}$，能量 $E_i(i=1,2,3)$，力的 x 方向分量 F_x。

c. 矢量和张量符号用黑斜体。

d. 生物学中属以下（含属）的拉丁文学名。

e. 化学中表示旋光性、分子构型、构象、取代基位置等的符号，如左旋 l^-，外消旋 dl^-，邻位 o^-，对位 p^-，顺叠构象 sp^-，双键的顺异构 Z^-，反式 $trans^-$等。

2.9.8 化学元素与核素的符号

1）化学元素符号均为正体，且首字母大写。

2）核素的核子数（质量数）必须标注在元素符号的左上角。

3）分子中核素的原子数应标注在核素符号的右下角。

4）质子数（原子序数）可在左下角注明。

5）对于离子态，应将离子价数和符号“+”或“-”标于右上角。

6）对于电子受激态和核受激态，可用星号“*”表示于右上角。

2.10 结论

1）结论是文章的主要结果、论点的提炼与概括，应准确、简明、完整、有条理。

2）如果不能导出结论，也可以没有“结论”而进行必要的讨论。可以在结论或讨论中提出建议或待解决的问题。

2.11 致谢

1）致谢是作者对该文章的形成做过贡献的组织或个人予以感

谢的文字记载，内容要实在，语言要诚恳、恰当、简短。

2）致谢文字的字号或字体通常与论文的正文有所区别，并编排在参考文献表之前。

2.12 参考文献

2.12.1 著录原则和方法

1）为了反映论文的科学依据和作者尊重他人研究成果的严肃态度以及向读者提供有关信息的出处，应在论文的结论（无致谢段时）或致谢段之后列出参考文献表。

2）参考文献表中列出的一般应限于作者直接阅读过的、最主要的、发表在正式出版物上的文献。私人通信和未公开发表的资料，一般不宜列入参考文献表，可紧跟在引用的内容之后注释或标注在当页的地脚。

3）参考文献的著录应执行 GB/T 7714—1987① 的规定，采用顺序编码制或著者-出版年制。

4）建议采用顺序编码制，其著录要求如下。

a. 在引文处按论文中引用文献出现的先后用阿拉伯数字连续编序，将序号置于方括号内，并视具体情况把序号作为上角标，或作为语句的组成部分。如："……张××[1]、王××[2,3]和李××等[4~6]对这一现象作了研究，数学模型见文献［7］。"

b. 参考文献表的著录按在文章中引用的顺序排列，一般采用小于论文正文的字号编排。

c. 参考文献表中的每条文献著录项目应齐全，对相同的项目

① 参考文献的著录应执行 GB/T 7714—2015《信息与文献　参考文献著录规则》的规定。

不得用“同上”或“ibid.”等表示。

d. 参考文献表中，文献的作者不超过3位时，全部列出；超过3位时，只列前3位，后面加“等”字或相应的外文；作者姓名之间不用“和”或“and”，而用“,”分开；中国人和外国人的姓名一律采用姓前名后著录法。西文作者的名字部分可缩写，并省略缩写点“.”。

2.12.2　连续出版物的著录格式

标引项顺序号　作者. 题名. 刊名（外文刊名可缩写，缩写后的首字母应大写，并省略缩写点“.”），出版年份，卷号（期号）：起始或起止页码

示例：

1　高景德，王祥珩. 交流电机的多回路理论. 清华大学学报（自然科学版），1987，27（1）：1～8

2　Nadkarni M A，Nair C K K，Pandey V N，et al. Characterzation of alpha-galactosidase from corynebacterium murisepticum and mechanism of its induction. J Gen App Microbiol，1992，38：223～234

3　华罗庚，王元. 论一致分布与近似分析：数论方法（Ⅰ）. 中国科学，1973（4）：339～357

2.12.3　专著的著录格式

标引项顺序号　作者. 书名. 版本（第1版不标注）. 出版地：出版者，出版年. 页码（专著中的析出文献应注明起止页码）

示例：

4　竺可桢. 物候学. 北京：科学出版社，1973

5　霍夫斯塔主编. 禽病学：下册. 第7版. 胡祥壁译. 北京：农业出版社，1981. 798～799

6　Timoshenko S P. Theory of plate and shells. 2nd ed. New York：McGraw-Hill，1959. 17～36

2.12.4　论文集的著录格式

标引项顺序号　作者. 题名. 见（英文用 In）：主编. 论文集名. 出版地：出版者，出版年. 起止页码

示例：

7　张全福，王里青. “百家争鸣”与理工科学报编辑工作. 见：郑福寿主编. 学报编辑论丛：第 2 集. 南京：河海大学出版社，1991. 1～4

8　Dupont B. Bone marrow transplantation in severe combined immunodeficiency with an unrelated MLC compatible donor. In：White H J，Smith R，eds. Proceedings of the Third Annual Meeting of the International Society for Experimental Hematology. Houston：International Society for Experimental Hematology，1974. 44～46

2.12.5　学位论文的著录格式

标引项顺序号　作者. 题名：[学位论文]. 保存地点：保存单位，年份

示例：

1　张筑生. 微分半动力系统的不变集：[学位论文]. 北京：北京大学数学系，1983

2　Cairns R B. Infrared spectroscopic studies on solid oxygen：[dissertation]. Berkeley：Univ of California ,1965

2.12.6　专利的著录格式

标引项顺序号　专利申请者. 题名. 国别，专利文献种类，专利号. 出版日期

示例：

3　姜锡洲. 一种温热外敷药制备方法. 中国专利，881056073. 1989-07-26

2.12.7　技术标准的著录格式

标引项顺序号　起草责任者. 标准代号　标准顺序号—发布年　标准名称. 出版地：出版者，出版年（也可略去起草责任者、出版地、出版者和出版年）

示例：

4　全国文献工作标准化技术委员会第六分委员会. GB/T 6447—1986 文摘编写规则. 北京：中国标准出版社，1986

或

4　GB/T 6447—1986 文摘编写规则

2.13　附录

1）有些材料编入文章主体会有损于编排的条理性和逻辑性，或有碍于文章结构的紧凑和突出主题思想等，可将这些材料作为附录编排于全文的末尾。

2）附录的序号用 A，B，C…系列，如附录 A，附录 B…。附录中的公式、图和表的编号分别用（A1），（A2）…系列；图 A1，图 A2…系列；表 A1，表 A2…系列。

2.14　注释

1）解释题名、作者及某些内容，均可使用注释。

2）能在文章内用括号注释的，尽量不单独列出；不随文列出的注释，标注符号应注在需要注释的词、词组或语句的右上角。标注符号可用加半个圆括号的阿拉伯数字 1）、2），…或剑号“†”。注释内容应置于该页地脚，并用正线与正文隔开。

3）属于国家自然科学基金等资助项目的论文，应在篇首页的地脚注明基金项目的名称和代号。

2.15　文句和术语

1）文句要通顺、精练，符合语法规范。

2）应使用全国科学技术名词审定委员会审定公布的各学科的名词和 GB 3102—1993 规定的量名称。新兴学科的术语及尚无通用汉译名的术语，应在第一次出现时加以注释或附原文。

3）使用非公知公用的缩写词，应在第一次出现时注明全词。

2.16　文字和标点符号

1）汉字的使用应严格执行国家的有关规定，除特殊需要外，不得使用已废除的繁体字、异体字等不规范汉字。

2）标点符号的用法应该以 GB/T 15834—1995《标点符号用法》[①] 为准。根据科技书刊的习惯，建议：

a. 句号用小圆点“.”表示。

b. 省略号用 2 个三连点，其后不写“等”字；对外文字符只用 1 个三连点。

c. 浪纹号“～”用于表示数值范围。

d. 一字线“—”用于表示地域范围、走向、相关、递进等。

e. 半字线“-”用于表示复合名词等。

f. 外文中的标点符号应遵循外文的习惯用法。

3）外文的缩写和转行应遵循有关规则。

3　增刊和特刊

1）增刊是指正常刊次以外经期刊管理部门批准出版的出版物，其宗旨、开本、发行范围应同正刊一致。应在规定位置标明

---

① GB/T 15834—1995《标点符号用法》已被 GB/T 15834—2011《标点符号用法》代替。

“增刊”字样。

2）特刊或专辑是指为了某种特殊需要或按照某一专题而编辑出版的学报，它可以是学报正刊，也可以是增刊。应在规定位置标注特刊或专辑名称。

3）增刊可以编入总目次和索引。

附录五

中国高等学校社会科学学报编排规范[①]
（修订版）

（国家教育委员会办公厅文件，教社政厅〔2000〕1号）

（节选）

为适应学术期刊文献信息传播现代化的需要，推动高等学校社会科学学报编排规范化，提高学报质量，扩大学术交流，根据有关国家标准和法规文件，并结合学报编排的实际，特制定本规范。

1 内容与适应范围

本规范规定了学报的基本项目、结构和编排格式，适用于高等学校社会科学学报，也可供其他社会科学期刊参照使用。

① 本规范所涉及的国家标准已由新的国家标准代替，编者将以脚注进行注释说明。若本规范的某些内容与国家标准不一致，应以国家标准为准。

2　引用标准及参考规范文件（略）

3　基本版式

3.1　每种学报的版式应力求统一和稳定。

3.2　采用16开本，幅面尺寸为188 mm×260 mm或210 mm×297 mm。也可采用其他开本。所有开本尺寸的误差均为±1 mm。

3.3　正文一般采用通栏或双栏横排，也可采用其他版式。

3.4　定期出版，周期一般不长于一季度；一年之内每期页码应固定。

4　封面

4.1　封面设计应庄重大方，体现刊物特点，并保持相对稳定。

4.2　封面上应标示中文刊名（包括刊名汉语拼音或自治民族文字刊名）、英文刊名、出版年份、卷次、期次。刊名应置于显要位置，并采用规范汉字。主办学校全称如未能在刊名中出现，应在封面予以标注。数字一律用阿拉伯数字表示。国际标准刊号（ISSN）应使用不小于新5号字印在封面右上角。条码应按规定印在封面左下角或封底的右下角。

4.3　封底一般为版权页。应在固定位置标注中文刊名全称，创刊年，刊期，出版年份、卷次、期次，主办单位，主编姓名，编辑者、出版者及其地址、邮政编码，印刷单位，发行单位，中国标准刊号（含国际标准刊号、国内统一刊号），国内代号，国外代号，广告经营许可证号，定价以及出版日期；公开发行的学报，应用英文著录刊名全称及主要的版权事项。

4.4　厚度超过5 mm的学报，应在书脊上排印书脊名称，包括中文刊名全称、出版年份、卷次、期次；一般纵排，数字用汉字表示。

5　目次页

5.1　目次页版头应标注刊名全称、出版年月、卷次、期次或同时标明总期次。

5.2　中文目次表应列出本期全部文章的篇名、作者姓名和起始页码。英文目次表可选择列出重要文章的篇名、作者姓名和起始页码，排于中文目次表之后。多位作者仅列前 3 人，后面加“等”字。

5.3　目次表可按学报内文章的顺序排列，也可分专栏排列。各种补白短文的篇名用较小字号集中排列于主要文章之后。

5.4　目次页所在位置各期应相同，如有必要变更，应从新一卷（年）的第 1 期开始。

6　页码与刊眉

6.1　页码是学报每期正文（含扉页、目次页）的连续编码，用阿拉伯数字表示。

6.2　刊眉应标注中英文刊名全称、卷次、期次、出版年月，一般排在正文篇名页。

7　篇名

篇名应简明、具体、确切，能概括文章的特定内容，符合编制题录、索引和检索的有关原则，一般不超过 20 个字。必要时可加副篇名，用较小字号另行起排。篇名应尽量避免使用非公知公用的缩略语、字符、代号和公式。

8　作者署名及工作单位

8.1　文章均应有作者署名。作者姓名置于篇名下方，团体作者的执笔人也可标注于篇首页地脚位置。译文的署名，应著者在前，译者在后，著者前用方括号标明国籍。各种补白短文，作者姓名亦可标注于正文末尾。

8.2　对作者应标明其工作单位全称、所在省、城市名及邮政编码，加圆括号置于作者署名下方。

8.3　多位作者的署名之间用逗号隔开；不同工作单位的作者，应在姓名右上角加注不同的阿拉伯数字序号，并在其工作单位名称之前加注与作者姓名序号相同的数字；各工作单位之间连排时以分号隔开。

示例：

熊易群[1]，贾改莲[2]，钟小锋[1]，刘建君[1]

（1. 陕西师范大学教育系，陕西西安 710062；2. 陕西省教育学院教育系，陕西西安 710061）

9　摘要

公开发行的学报，其论文应附有中英文摘要。摘要应能客观地反映论文主要内容的信息，具有独立性和自含性。一般不超过200字，以与正文不同的字体字号排在作者署名与关键词之间。英文摘要的内容一般应与中文摘要相对应。中文摘要前以“摘要：”或“[摘要]”作为标识；英文摘要前以“Abstract：”作为标识。

10　关键词

关键词是反映论文主题概念的词或词组，一般每篇可选3～8个，应尽量从《汉语主题词表》中选用。未被词表收录的新学科、新技术中的重要术语和地区、人物、文献等名称，也可作为关键词标注。关键词应以与正文不同的字体字号编排在摘要下方。多个关键词之间用分号分隔。中英文关键词应一一对应。中文关键词前以“关键词:”或“[关键词]”作为标识；英文关键词前以“Key words:”作为标识。

示例：

关键词：《左传》；语言艺术；修辞；交际语言

11　分类号

应按照《中国图书馆分类法》(第 4 版）对每篇论文标引分类号。涉及多主题的论文，一篇可给出几个分类号，主分类号排在第 1 位，多个分类号之间以分号分隔。分类号排在关键词之后，其前以“中图分类号:”或“[中图分类号]”作为标识。

示例：

中图分类号：A81；D05

12　文献标识码

按照《中国学术期刊（光盘版）检索与评价数据规范》规定，每篇文章均应标识相应的文献标识码：A—理论与应用研究学术论文；B—理论学习与社会实践总结；C—业务指导与技术管理性文章；D—动态性信息；E—文件、资料。中文文章的文献标识码以“文献标识码:”或“[文献标识码]”作为标识。

示例：

文献标识码：A

13　文章编号

凡具有文献标识码的文章均可标识一个数字化的文章编号，其中 A、B、C 三类文章必须编号。文章编号由每一学报的国际标准刊号、出版年、期次号及文章篇首页页码和页数等5段共20位数字组成，其结构为：XXXX-XXXX（YYYY）NN-PPPP-CC。其中文标识为“文章编号:”或“[文章编号]”。

示例：

文章编号：1000-5293（1999）01-0066-09

14　收稿日期

14.1　收稿日期是指编辑部收到文稿的日期，必要时可加注修改稿收到日期。

14.2　收稿日期采用阿拉伯数字全数字式日期表示法标注，以“收稿日期:”或“[收稿日期]”作为标识，排在篇名页地脚，并用10字距正线与正文分开。

示例：

收稿日期：1998-08-18

15　基金项目

获得基金资助产出的文章应以“基金项目:”或“[基金项目]”作为标识注明基金项目名称，并在圆括号内注明项目编号。多项基金项目应依次列出，其间以分号隔开。基本项目排在收稿日期之后。

示例：

基金项目：国家社会科学规划基金资助项目（96BJL001）

16　作者简介

对文章主要作者的姓名、出生年、性别、民族（汉族可省略)、籍贯、职称、学位等做出介绍，其前以“作者简介:”或“[作者简介]”作为标识。一般排在篇首页地脚，置于收稿日期（或基金项目）之后。同一篇文章的其他主要作者简介可以在同一

“作者简介：”或“[作者简介]”标识后相继列出，其间以分号隔开。

示例：

作者简介：乌兰娜（1968—），女，蒙古族，内蒙古达拉特旗人，内蒙古大学历史学系副教授，博士。

17　正文

17.1　文内标题力求简短、明确，题末不用标点符号（问号、叹号、省略号除外）。层次不宜过多，一般不超过5级。大段落的标题居中排列，可不加序号。层次序号可采用一、（一）、1、(1)、1)；不宜用①，以与注号区别。文中应做到不背题，一行不占页，一字不占行。

17.2　用字应符合现代汉语规范，除某些古籍整理和古汉语方面的文章外，避免使用旧体字、异体字和繁体字。简化字应执行新闻出版署和国家语言文字工作委员会1992年7月7日发布的《出版物汉字使用管理规定》，以1986年10月10日重新发表的《简化字总表》为准。

17.3　标点符号使用要遵守GB/T 15834—1995《标点符号用法》[①] 的规定（参考文献著录中的标点作为标识的用法另据后文规定），除前引号、前括号、破折号、省略号外，其余都应紧接文字后面，不能排在行首。夹注及表格内的文句末尾不用句号。著作、文章、文件、刊物、报纸等均用书名号。用数字简称的会议或事件，只在数字上加引号；用地名简称的，不加引号。外文的

① GB/T 15834—1995《标点符号用法》已被GB/T 15834—2011《标点符号用法》代替。

标点符号应遵循外文的习惯用法。

17.4　数字使用应执行 GB/T 15835—1995《出版物上数字用法的规定》①，凡公历世纪、年代、年、月、日、时刻和各种记数与计量（包括正负数、分数、小数、百分比、约数），均采用阿拉伯数字。年份不能简写，星期几一律用汉字。夏历和清代以前（包括清代）历史纪年用汉字，并加圆括号注明公元纪年。多位的阿拉伯数字不能移行。4 位以上数字采用 3 位分节法，即节与节之间空 1/4 字距。5 位以上的数字尾数零多的，可以“万”、“亿”作单位。数字作为语素构成定型的词、词组、惯用词、缩略语，应使用汉字。邻近两个数字并列连用所表示的概数均使用汉字数字。

17.5　插图和照片应比例适当，清楚美观；图中文字与符号一律植字。插图应标明图序和图题，序号和图题之间空一字；图序以阿拉伯数字连续编号，仅有一图者于图题处标明“图 1”；图题一般居中排于图的下方。图一般随文编排，图较多时也可集中排在文末或其他适当位置。插图的横向尺寸不超过版面 2/3 者，图旁应串文。图需卧排时，应顶左底右。插页图版可另编页码，并在图版上方标识文章篇名和所在页码。

17.6　表格应结构简洁，具有自明性。尽可能采用三线表，必要时可加辅助线。表格应有表序和表题。序号和表题居中排于表格上方，两者之间空一字。表序以阿拉伯数字连续编号，仅有一表者，于表题处标明“表 1”。表内数据一律采用阿拉伯数字，个位数、小数点位置应上下对齐。相邻行格内的数字或文字相同

---

① GB/T 15835—2011《出版物上数字用法的规定》代替 GB/T 15835—1995《出版物上数字用法的规定》。

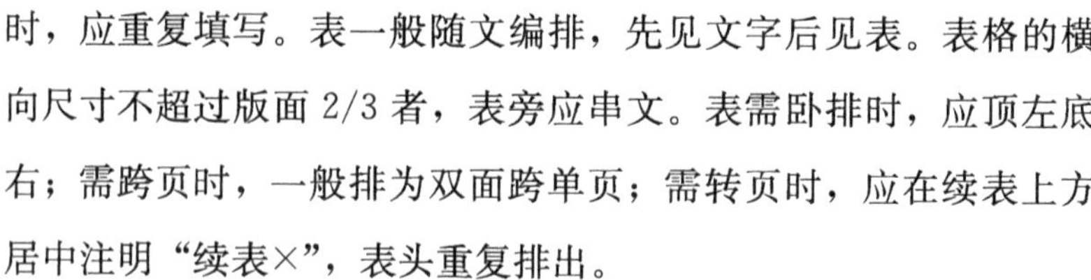

时，应重复填写。表一般随文编排，先见文字后见表。表格的横向尺寸不超过版面2/3者，表旁应串文。表需卧排时，应顶左底右；需跨页时，一般排为双面跨单页；需转页时，应在续表上方居中注明“续表×”，表头重复排出。

17.7　文稿中的计量单位应严格执行GB 3100～3102—1993《量和单位》的规定。

17.8　文稿中的数学公式应简明、准确地表达各个量之间的关系，一般另行编排，主辅线须区分清楚。在不引起误解的前提下，某些公式也可夹在文句中间。数学公式的编排，应遵循量、符号的书写规则。

17.9　每篇文章应尽可能排在连续页码上。确需转页时应在当页最末一行标点停顿处注明“下转第×页”；在接转部分之前注明“上接第×页”，字体与正文区别，加圆括号。转页应尽可能少，并不可逆转。

17.10　分期连载的长文，应在每期篇名之后加注连载序号，文末加注“待续”，最末一期加注“续完”。

18　致谢

致谢是作者对认为需要感谢的组织或个人表示谢意的文字，排于注释及参考文献之前，字体应与正文有所区别。

19　注释

注释主要用于对文章篇名、作者及文内某一特定内容作必要的解释或说明。篇名、作者注置于当页地脚；对文内有关特定内容的注释可夹在文内（加圆括号），也可排在当页地脚或文末。序号用带圆圈的阿拉伯数字表示。

20　参考文献

20.1　参考文献的著录应执行 GB/T 7714—1987《文后参考文献著录规则》① 及《中国学术期刊（光盘版）检索与评价数据规范》规定，采用顺序编码制，在引文处按论文中引用文献出现的先后以阿拉伯数字连续编码，序号置于方括号内。一种文献在同一文中被反复引用者，用同一序号标示，需标明引文具体出处的，可在序号后加圆括号注明页码或章、节、篇名，采用小于正文的字号编排。

20.2　文后参考文献的著录项目要齐全，其排列顺序以在正文中出现的先后为准；参考文献列表时应以“参考文献:”（左顶格）或“[参考文献]”（居中）作为标识；序号左顶格，用阿拉伯数字加方括号标示；每一条目的最后均以实心点结束。

20.3　各种参考文献的类型，根据 GB 3469—83《文献类型与文献载体代码》规定，以单字母方式标识：M—专著，C—论文集，N—报纸文章，J—期刊文章，D—学位论文，R—报告，S—标准，P—专利；对于专著、论文集中的析出文献采用单字母“A”标识，对于其他未说明的文献类型，采用单字母“Z”标识。对于数据库、计算机程序及电子公告等电子文献类型，以双字母作为标识：DB—数据库，CP—计算机程序，EB—电子公告。对于非纸张型载体电子文献，需在参考文献标识中同时标明其载体类型，建议采用双字母表示：MT—磁带，DK—磁盘，CD—光盘，OL—联机网络，并以下列格式表示包括文献载体类型的参考

① 参考文献的著录应执行 GB/T 7714—2015《信息与文献　参考文献著录规则》的规定。

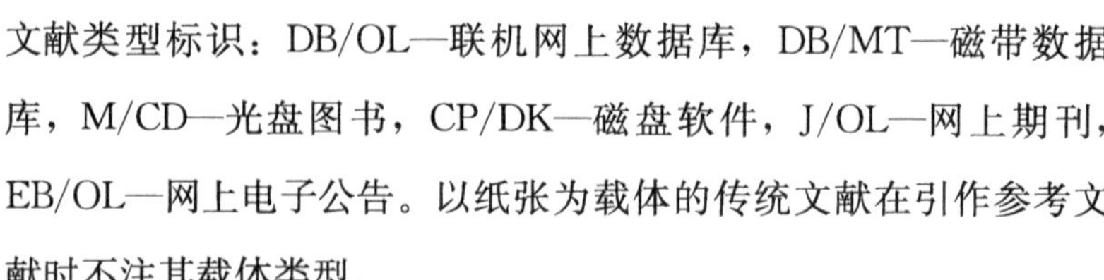

文献类型标识：DB/OL—联机网上数据库，DB/MT—磁带数据库，M/CD—光盘图书，CP/DK—磁盘软件，J/OL—网上期刊，EB/OL—网上电子公告。以纸张为载体的传统文献在引作参考文献时不注其载体类型。

20.4　参考文献著录的条目以小于正文的字号编排在文末。其格式为：

专著、论文集、学位论文、报告——［序号］　主要责任者．文献题名［文献类型标识］．出版地：出版者，出版年．起止页码（任选）．

示例：

［1］周振甫．周易译注[M]．北京：中华书局，1991.

［2］陈崧．五四前后东西方文化问题论战文选[C]．北京：中国社会科学出版社，1985.

［3］陈桐生．中国史官文化与《史记》[D]．西安：陕西师范大学文学研究所，1992.

［4］白永秀，刘敢，任保平．西安金融、人才、技术三大要素市场培育与发展研究[R]．西安：陕西师范大学西北经济发展研究中心，1998.

期刊文章——［序号］　主要责任者．文献题名[J]．刊名，年，卷（期）：起止页码．

示例：

［5］何龄修．读顾城《南明史》[J]．中国史研究，1998，(3)：167－173.

论文集中的析出文献——［序号］　析出文献主要责任者．析出文献题名[A]．原文献主要责任者（任选）．原文献题名[C]．出版地：出版者，出版年，析出文献起止页码．

示例：

［6］瞿秋白．现代文明的问题与社会主义［A］．罗荣渠．从西化到现代化［C］．北京：北京大学出版社，1990，121－133.

报纸文章——［序号］　主要责任者．文献题名［N］．报纸名，出版日期（版次）．

示例：

［7］谢希德．创造学习的新思路［N］．人民日报，1998-12-25（10）．

国际标准、国家标准——［序号］　标准编号，标准名称［S］．

示例：

［8］GB/T 16159—1996，汉语拼音正词法基本规则①［S］．

电子文献——［序号］　主要责任者．电子文献题名［电子文献及载体类型标识］．电子文献的出处或可获得地址，发表或更新日期/引用日期（任选）．

示例：

［9］王明亮．关于中国学术期刊标准化数据库系统工程的进展［EB/OL］．http：//www. cajcd. cn/pub/wml. txt/980810-2. html，1998-08-16/1998-10-04.

［10］万锦坤．中国大学学报论文文摘（1983—1993）．英文版［DB/CD］．北京：中国大百科全书出版社，1996.

各种未定类型的文献——［序号］　主要责任者．文献题名［Z］．出版地：出版者，出版年．

示例：

［11］张永禄．唐代长安词典［Z］．西安：陕西人民出版社，1980.

---

① GB/T 16159—2012《汉语拼音正词法基本规则》代替 GB/T 16159—1996《汉语拼音正词法基本规则》。

20.5　注释集中排在文末时，参考文献排在注释之后。

21　总目次①

本规范经中国人文社会科学学报学会 1999 年 3 月 8—10 日主持召开的《中国高等学校社会科学学报编排规范》定稿会讨论通过。由教育部社会科学与政治思想教育司 1999 年 12 月 13 日主持召开的专家鉴定会评审通过。

① “21　总目次”至“26　其他”的内容与论文写作无直接关系，略去。

附录六

高等学校预防与处理学术不端行为办法

中华人民共和国教育部令第 40 号

《高等学校预防与处理学术不端行为办法》已于 2016 年 4 月 5 日经教育部 2016 年第 14 次部长办公会议审议通过，现予发布，自 2016 年 9 月 1 日起施行。

教育部部长

2016 年 6 月 16 日

高等学校预防与处理学术不端行为办法

第一章　总则

第一条　为有效预防和严肃查处高等学校发生的学术不端行为，维护学术诚信，促进学术创新和发展，根据《中华人民共和国高等教育法》《中华人民共和国科学技术进步法》《中华人民共和国学位条例》等法律法规，制定本办法。

第二条　本办法所称学术不端行为是指高等学校及其教学科研人员、管理人员和学生，在科学研究及相关活动中发生的违反公认的学术准则、违背学术诚信的行为。

第三条 高等学校预防与处理学术不端行为应坚持预防为主、教育与惩戒结合的原则。

第四条 教育部、国务院有关部门和省级教育部门负责制定高等学校学风建设的宏观政策，指导和监督高等学校学风建设工作，建立健全对所主管高等学校重大学术不端行为的处理机制，建立高校学术不端行为的通报与相关信息公开制度。

第五条 高等学校是学术不端行为预防与处理的主体。高等学校应当建设集教育、预防、监督、惩治于一体的学术诚信体系，建立由主要负责人领导的学风建设工作机制，明确职责分工；依据本办法完善本校学术不端行为预防与处理的规则与程序。

高等学校应当充分发挥学术委员会在学风建设方面的作用，支持和保障学术委员会依法履行职责，调查、认定学术不端行为。

第二章　教育与预防

第六条 高等学校应当完善学术治理体系，建立科学公正的学术评价和学术发展制度，营造鼓励创新、宽容失败、不骄不躁、风清气正的学术环境。

高等学校教学科研人员、管理人员、学生在科研活动中应当遵循实事求是的科学精神和严谨认真的治学态度，恪守学术诚信，遵循学术准则，尊重和保护他人知识产权等合法权益。

第七条 高等学校应当将学术规范和学术诚信教育，作为教师培训和学生教育的必要内容，以多种形式开展教育、培训。

教师对其指导的学生应当进行学术规范、学术诚信教育和指导，对学生公开发表论文、研究和撰写学位论文是否符合学术规范、学术诚信要求，进行必要的检查与审核。

第八条　高等学校应当利用信息技术等手段，建立对学术成果、学位论文所涉及内容的知识产权查询制度，健全学术规范监督机制。

第九条　高等学校应当建立健全科研管理制度，在合理期限内保存研究的原始数据和资料，保证科研档案和数据的真实性、完整性。

高等学校应当完善科研项目评审、学术成果鉴定程序，结合学科特点，对非涉密的科研项目申报材料、学术成果的基本信息以适当方式进行公开。

第十条　高等学校应当遵循学术研究规律，建立科学的学术水平考核评价标准、办法，引导教学科研人员和学生潜心研究，形成具有创新性、独创性的研究成果。

第十一条　高等学校应当建立教学科研人员学术诚信记录，在年度考核、职称评定、岗位聘用、课题立项、人才计划、评优奖励中强化学术诚信考核。

第三章　受理与调查

第十二条　高等学校应当明确具体部门，负责受理社会组织、个人对本校教学科研人员、管理人员及学生学术不端行为的举报；有条件的，可以设立专门岗位或者指定专人，负责学术诚信和不端行为举报相关事宜的咨询、受理、调查等工作。

第十三条　对学术不端行为的举报，一般应当以书面方式实名提出，并符合下列条件：

（一）有明确的举报对象；

（二）有实施学术不端行为的事实；

（三）有客观的证据材料或者查证线索。

以匿名方式举报，但事实清楚、证据充分或者线索明确的，高等学校应当视情况予以受理。

第十四条 高等学校对媒体公开报道、其他学术机构或者社会组织主动披露的涉及本校人员的学术不端行为，应当依据职权，主动进行调查处理。

第十五条 高等学校受理机构认为举报材料符合条件的，应当及时作出受理决定，并通知举报人。不予受理的，应当书面说明理由。

第十六条 学术不端行为举报受理后，应当交由学校学术委员会按照相关程序组织开展调查。

学术委员会可委托有关专家就举报内容的合理性、调查的可能性等进行初步审查，并作出是否进入正式调查的决定。

决定不进入正式调查的，应当告知举报人。举报人如有新的证据，可以提出异议。异议成立的，应当进入正式调查。

第十七条 高等学校学术委员会决定进入正式调查的，应当通知被举报人。

被调查行为涉及资助项目的，可以同时通知项目资助方。

第十八条 高等学校学术委员会应当组成调查组，负责对被举报行为进行调查；但对事实清楚、证据确凿、情节简单的被举报行为，也可以采用简易调查程序，具体办法由学术委员会确定。

调查组应当不少于3人，必要时应当包括学校纪检、监察机构指派的工作人员，可以邀请同行专家参与调查或者以咨询等方式提供学术判断。

被调查行为涉及资助项目的，可以邀请项目资助方委派相关专业人员参与调查组。

第十九条　调查组的组成人员与举报人或者被举报人有合作研究、亲属或者导师学生等直接利害关系的，应当回避。

第二十条　调查可通过查询资料、现场查看、实验检验、询问证人、询问举报人和被举报人等方式进行。调查组认为有必要的，可以委托无利害关系的专家或者第三方专业机构就有关事项进行独立调查或者验证。

第二十一条　调查组在调查过程中，应当认真听取被举报人的陈述、申辩，对有关事实、理由和证据进行核实；认为必要的，可以采取听证方式。

第二十二条　有关单位和个人应当为调查组开展工作提供必要的便利和协助。

举报人、被举报人、证人及其他有关人员应当如实回答询问，配合调查，提供相关证据材料，不得隐瞒或者提供虚假信息。

第二十三条　调查过程中，出现知识产权等争议引发的法律纠纷的，且该争议可能影响行为定性的，应当中止调查，待争议解决后重启调查。

第二十四条　调查组应当在查清事实的基础上形成调查报告。调查报告应当包括学术不端行为责任人的确认、调查过程、事实认定及理由、调查结论等。

学术不端行为由多人集体做出的，调查报告中应当区别各责任人在行为中所发挥的作用。

第二十五条 接触举报材料和参与调查处理的人员，不得向无关人员透露举报人、被举报人个人信息及调查情况。

第四章 认定

第二十六条 高等学校学术委员会应当对调查组提交的调查报告进行审查；必要的，应当听取调查组的汇报。

学术委员会可以召开全体会议或者授权专门委员会对被调查行为是否构成学术不端行为以及行为的性质、情节等作出认定结论，并依职权作出处理或建议学校作出相应处理。

第二十七条 经调查，确认被举报人在科学研究及相关活动中有下列行为之一的，应当认定为构成学术不端行为：

（一）剽窃、抄袭、侵占他人学术成果；

（二）篡改他人研究成果；

（三）伪造科研数据、资料、文献、注释，或者捏造事实、编造虚假研究成果；

（四）未参加研究或创作而在研究成果、学术论文上署名，未经他人许可而不当使用他人署名，虚构合作者共同署名，或者多人共同完成研究而在成果中未注明他人工作、贡献；

（五）在申报课题、成果、奖励和职务评审评定、申请学位等过程中提供虚假学术信息；

（六）买卖论文、由他人代写或者为他人代写论文；

（七）其他根据高等学校或者有关学术组织、相关科研管理机构制定的规则，属于学术不端的行为。

第二十八条　有学术不端行为且有下列情形之一的，应当认定为情节严重：

（一）造成恶劣影响的；

（二）存在利益输送或者利益交换的；

（三）对举报人进行打击报复的；

（四）有组织实施学术不端行为的；

（五）多次实施学术不端行为的；

（六）其他造成严重后果或者恶劣影响的。

第五章　处理

第二十九条　高等学校应当根据学术委员会的认定结论和处理建议，结合行为性质和情节轻重，依职权和规定程序对学术不端行为责任人作出如下处理：

（一）通报批评；

（二）终止或者撤销相关的科研项目，并在一定期限内取消申请资格；

（三）撤销学术奖励或者荣誉称号；

（四）辞退或解聘；

（五）法律、法规及规章规定的其他处理措施。

同时，可以依照有关规定，给予警告、记过、降低岗位等级或者撤职、开除等处分。

学术不端行为责任人获得有关部门、机构设立的科研项目、学术奖励或者荣誉称号等利益的，学校应当同时向有关主管部门提出处理建议。

学生有学术不端行为的，还应当按照学生管理的相关规定，给予相应的学籍处分。

学术不端行为与获得学位有直接关联的，由学位授予单位作暂缓授予学位、不授予学位或者依法撤销学位等处理。

第三十条 高等学校对学术不端行为作出处理决定，应当制作处理决定书，载明以下内容：

（一）责任人的基本情况；

（二）经查证的学术不端行为事实；

（三）处理意见和依据；

（四）救济途径和期限；

（五）其他必要内容。

第三十一条 经调查认定，不构成学术不端行为的，根据被举报人申请，高等学校应当通过一定方式为其消除影响、恢复名誉等。

调查处理过程中，发现举报人存在捏造事实、诬告陷害等行为的，应当认定为举报不实或者虚假举报，举报人应当承担相应责任。属于本单位人员的，高等学校应当按照有关规定给予处理；不属于本单位人员的，应通报其所在单位，并提出处理建议。

第三十二条 参与举报受理、调查和处理的人员违反保密等规定，造成不良影响的，按照有关规定给予处分或其他处理。

第六章 复核

第三十三条 举报人或者学术不端行为责任人对处理决定不

服的，可以在收到处理决定之日起 30 日内，以书面形式向高等学校提出异议或者复核申请。

异议和复核不影响处理决定的执行。

第三十四条　高等学校收到异议或者复核申请后，应当交由学术委员会组织讨论，并于 15 日内作出是否受理的决定。

决定受理的，学校或者学术委员会可以另行组织调查组或者委托第三方机构进行调查；决定不予受理的，应当书面通知当事人。

第三十五条　当事人对复核决定不服，仍以同一事实和理由提出异议或者申请复核的，不予受理；向有关主管部门提出申诉的，按照相关规定执行。

第七章　监督

第三十六条　高等学校应当按年度发布学风建设工作报告，并向社会公开，接受社会监督。

第三十七条　高等学校处理学术不端行为推诿塞责、隐瞒包庇、查处不力的，主管部门可以直接组织或者委托相关机构查处。

第三十八条　高等学校对本校发生的学术不端行为，未能及时查处并作出公正结论，造成恶劣影响的，主管部门应当追究相关领导的责任，并进行通报。

高等学校为获得相关利益，有组织实施学术不端行为的，主管部门调查确认后，应当撤销高等学校由此获得的相关权利、项目以及其他利益，并追究学校主要负责人、直接负责人的责任。

第八章　附则

第三十九条　高等学校应当根据本办法，结合学校实际和学科特点，制定本校学术不端行为查处规则及处理办法，明确各类学术不端行为的惩处标准。有关规则应当经学校学术委员会和教职工代表大会讨论通过。

第四十条　高等学校主管部门对直接受理的学术不端案件，可自行组织调查组或者指定、委托高等学校、有关机构组织调查、认定。对学术不端行为责任人的处理，根据本办法及国家有关规定执行。

教育系统所属科研机构及其他单位有关人员学术不端行为的调查与处理，可参照本办法执行。

第四十一条　本办法自 2016 年 9 月 1 日起施行。

教育部此前发布的有关规章、文件中的相关规定与本办法不一致的，以本办法为准。

附录七

中共中央办公厅、国务院办公厅印发《关于进一步加强科研诚信建设的若干意见》

科研诚信是科技创新的基石。近年来，我国科研诚信建设在工作机制、制度规范、教育引导、监督惩戒等方面取得了显著成效，但整体上仍存在短板和薄弱环节，违背科研诚信要求的行为时有发生。为全面贯彻党的十九大精神，培育和践行社会主义核心价值观，弘扬科学精神，倡导创新文化，加快建设创新型国家，现就进一步加强科研诚信建设、营造诚实守信的良好科研环境提出以下意见。

一、总体要求

（一）指导思想。全面贯彻党的十九大和十九届二中、三中全会精神，以习近平新时代中国特色社会主义思想为指导，落实党中央、国务院关于社会信用体系建设的总体要求，以优化科技创新环境为目标，以推进科研诚信建设制度化为重点，以健全完善科研诚信工作机制为保障，坚持预防与惩治并举，坚持自律与监督并重，坚持无禁区、全覆盖、零容忍，严肃查处违背科研诚信要求的行为，着力打造共建共享共治的科研诚信建设新格局，营造诚实守信、追求真理、崇尚创新、鼓励探索、勇攀高峰的良好氛围，为建设世界科技强国奠定坚实的社会文化基础。

（二）基本原则

——明确责任，协调有序。加强顶层设计、统筹协调，明确科研诚信建设各主体职责，加强部门沟通、协同、联动，形成全社会推进科研诚信建设合力。

——系统推进，重点突破。构建符合科研规律、适应建设世界科技强国要求的科研诚信体系。坚持问题导向，重点在实践养成、调查处理等方面实现突破，在提高诚信意识、优化科研环境等方面取得实效。

——激励创新，宽容失败。充分尊重科学研究灵感瞬间性、方式多样性、路径不确定性的特点，重视科研试错探索的价值，建立鼓励创新、宽容失败的容错纠错机制，形成敢为人先、勇于探索的科研氛围。

——坚守底线，终身追责。综合采取教育引导、合同约定、社会监督等多种方式，营造坚守底线、严格自律的制度环境和社会氛围，让守信者一路绿灯，失信者处处受限。坚持零容忍，强化责任追究，对严重违背科研诚信要求的行为依法依规终身追责。

（三）主要目标。在各方共同努力下，科学规范、激励有效、惩处有力的科研诚信制度规则健全完备，职责清晰、协调有序、监管到位的科研诚信工作机制有效运行，覆盖全面、共享联动、动态管理的科研诚信信息系统建立完善，广大科研人员的诚信意识显著增强，弘扬科学精神、恪守诚信规范成为科技界的共同理念和自觉行动，全社会的诚信基础和创新生态持续巩固发展，为建设创新型国家和世界科技强国奠定坚实基础，为把我国建成富强民主文明和谐美丽的社会主义现代化强国提供重要支撑。

二、完善科研诚信管理工作机制和责任体系

（四）建立健全职责明确、高效协同的科研诚信管理体系。科技部、中国社科院分别负责自然科学领域和哲学社会科学领域科研诚信工作的统筹协调和宏观指导。地方各级政府和相关行业主管部门要积极采取措施加强本地区本系统的科研诚信建设，充实工作力量，强化工作保障。科技计划管理部门要加强科技计划的科研诚信管理，建立健全以诚信为基础的科技计划监管机制，将科研诚信要求融入科技计划管理全过程。教育、卫生健康、新闻出版等部门要明确要求教育、医疗、学术期刊出版等单位完善内控制度，加强科研诚信建设。中国科学院、中国工程院、中国科协要强化对院士的科研诚信要求和监督管理，加强院士推荐（提名）的诚信审核。

（五）从事科研活动及参与科技管理服务的各类机构要切实履行科研诚信建设的主体责任。从事科研活动的各类企业、事业单位、社会组织等是科研诚信建设第一责任主体，要对加强科研诚信建设作出具体安排，将科研诚信工作纳入常态化管理。通过单位章程、员工行为规范、岗位说明书等内部规章制度及聘用合同，对本单位员工遵守科研诚信要求及责任追究作出明确规定或约定。

科研机构、高等学校要通过单位章程或制定学术委员会章程，对学术委员会科研诚信工作任务、职责权限作出明确规定，并在工作经费、办事机构、专职人员等方面提供必要保障。学术委员会要认真履行科研诚信建设职责，切实发挥审议、评定、受理、调查、监督、咨询等作用，对违背科研诚信要求的行为，发现一起，查处一起。学术委员会要组织开展或委托基层学术组织、第三方机构对本单位科研人员的重要学术论文等科研成果进行全覆盖核查，核查工作应以3～5年为周期持续开展。

科技计划（专项、基金等）项目管理专业机构要严格按照科研诚信要求，加强立项评审、项目管理、验收评估等科技计划全过程和项目承担单位、评审专家等科技计划各类主体的科研诚信管理，对违背科研诚信要求的行为要严肃查处。

从事科技评估、科技咨询、科技成果转化、科技企业孵化和科研经费审计等的科技中介服务机构要严格遵守行业规范，强化诚信管理，自觉接受监督。

（六）学会、协会、研究会等社会团体要发挥自律自净功能。学会、协会、研究会等社会团体要主动发挥作用，在各自领域积极开展科研活动行为规范制定、诚信教育引导、诚信案件调查认定、科研诚信理论研究等工作，实现自我规范、自我管理、自我净化。

（七）从事科研活动和参与科技管理服务的各类人员要坚守底线、严格自律。科研人员要恪守科学道德准则，遵守科研活动规范，践行科研诚信要求，不得抄袭、剽窃他人科研成果或者伪造、篡改研究数据、研究结论；不得购买、代写、代投论文，虚构同行评议专家及评议意见；不得违反论文署名规范，擅自标注或虚假标注获得科技计划（专项、基金等）等资助；不得弄虚作假，骗取科技计划（专项、基金等）项目、科研经费以及奖励、荣誉等；不得有其他违背科研诚信要求的行为。

项目（课题）负责人、研究生导师等要充分发挥言传身教作用，加强对项目（课题）成员、学生的科研诚信管理，对重要论文等科研成果的署名、研究数据真实性、实验可重复性等进行诚信审核和学术把关。院士等杰出高级专家要在科研诚信建设中发挥示范带动作用，做遵守科研道德的模范和表率。

评审专家、咨询专家、评估人员、经费审计人员等要忠于职守，严格遵守科研诚信要求和职业道德，按照有关规定、程序和办法，实事求是，独立、客观、公正开展工作，为科技管理决策提供负责任、高质量的咨询评审意见。科技管理人员要正确履行管理、指导、监督职责，全面落实科研诚信要求。

三、加强科研活动全流程诚信管理

（八）加强科技计划全过程的科研诚信管理。科技计划管理部门要修改完善各级各类科技计划项目管理制度，将科研诚信建设要求落实到项目指南、立项评审、过程管理、结题验收和监督评估等科技计划管理全过程。要在各类科研合同（任务书、协议等）中约定科研诚信义务和违约责任追究条款，加强科研诚信合同管理。完善科技计划监督检查机制，加强对相关责任主体科研诚信履责情况的经常性检查。

（九）全面实施科研诚信承诺制。相关行业主管部门、项目管理专业机构等要在科技计划项目、创新基地、院士增选、科技奖励、重大人才工程等工作中实施科研诚信承诺制度，要求从事推荐（提名）、申报、评审、评估等工作的相关人员签署科研诚信承诺书，明确承诺事项和违背承诺的处理要求。

（十）强化科研诚信审核。科技计划管理部门、项目管理专业机构要对科技计划项目申请人开展科研诚信审核，将具备良好的科研诚信状况作为参与各类科技计划的必备条件。对严重违背科研诚信要求的责任者，实行“一票否决”。相关行业主管部门要将科研诚信审核作为院士增选、科技奖励、职称评定、学位授予等工作的必经程序。

（十一）建立健全学术论文等科研成果管理制度。科技计划管理部门、项目管理专业机构要加强对科技计划成果质量、效益、影响的评估。从事科学研究活动的企业、事业单位、社会组织等应加强科研成果管理，建立学术论文发表诚信承诺制度、科研过程可追溯制度、科研成果检查和报告制度等成果管理制度。学术论文等科研成果存在违背科研诚信要求情形的，应对相应责任人严肃处理并要求其采取撤回论文等措施，消除不良影响。

（十二）着力深化科研评价制度改革。推进项目评审、人才评价、机构评估改革，建立以科技创新质量、贡献、绩效为导向的分类评价制度，将科研诚信状况作为各类评价的重要指标，提倡严谨治学，反对急功近利。坚持分类评价，突出品德、能力、业绩导向，注重标志性成果质量、贡献、影响，推行代表作评价制度，不把论文、专利、荣誉性头衔、承担项目、获奖等情况作为限制性条件，防止简单量化、重数量轻质量、“一刀切”等倾向。尊重科学研究规律，合理设定评价周期，建立重大科学研究长周期考核机制。开展临床医学研究人员评价改革试点，建立设置合理、评价科学、管理规范、运转协调、服务全面的临床医学研究人员考核评价体系。

四、进一步推进科研诚信制度化建设

（十三）完善科研诚信管理制度。科技部、中国社科院要会同相关单位加强科研诚信制度建设，完善教育宣传、诚信案件调查处理、信息采集、分类评价等管理制度。从事科学研究的企业、事业单位、社会组织等应建立健全本单位教育预防、科研活动记录、科研档案保存等各项制度，明晰责任主体，完善内部监督约束机制。

（十四）完善违背科研诚信要求行为的调查处理规则。科技部、中国社科院要会同教育部、国家卫生健康委、中国科学院、中国科协等部门和单位依法依规研究制定统一的调查处理规则，对举报受理、调查程序、职责分工、处理尺度、申诉、实名举报人及被举报人保护等作出明确规定。从事科学研究的企业、事业单位、社会组织等应制定本单位的调查处理办法，明确调查程序、处理规则、处理措施等具体要求。

（十五）建立健全学术期刊管理和预警制度。新闻出版等部门要完善期刊管理制度，采取有效措施，加强高水平学术期刊建设，强化学术水平和社会效益优先要求，提升我国学术期刊影响力，提高学术期刊国际话语权。学术期刊应充分发挥在科研诚信建设中的作用，切实提高审稿质量，加强对学术论文的审核把关。

科技部要建立学术期刊预警机制，支持相关机构发布国内和国际学术期刊预警名单，并实行动态跟踪、及时调整。将罔顾学术质量、管理混乱、商业利益至上，造成恶劣影响的学术期刊，列入黑名单。论文作者所在单位应加强对本单位科研人员发表论文的管理，对在列入预警名单的学术期刊上发表论文的科研人员，要及时警示提醒；对在列入黑名单的学术期刊上发表的论文，在各类评审评价中不予认可，不得报销论文发表的相关费用。

五、切实加强科研诚信的教育和宣传

（十六）加强科研诚信教育。从事科学研究的企业、事业单位、社会组织应将科研诚信工作纳入日常管理，加强对科研人员、教师、青年学生等的科研诚信教育，在入学入职、职称晋升、参与科技计划项目等重要节点必须开展科研诚信教育。对在科研诚信方面存在倾向性、苗头性问题的人员，所在单位应当及时开展科研诚信诫勉谈话，加强教育。

科技计划管理部门、项目管理专业机构以及项目承担单位，应当结合科技计划组织实施的特点，对承担或参与科技计划项目的科研人员有效开展科研诚信教育。

（十七）充分发挥学会、协会、研究会等社会团体的教育培训作用。学会、协会、研究会等社会团体要主动加强科研诚信教育培训工作，帮助科研人员熟悉和掌握科研诚信具体要求，引导科研人员自觉抵制弄虚作假、欺诈剽窃等行为，开展负责任的科学研究。

（十八）加强科研诚信宣传。创新手段，拓宽渠道，充分利用广播电视、报纸杂志等传统媒体及微博、微信、手机客户端等新媒体，加强科研诚信宣传教育。大力宣传科研诚信典范榜样，发挥典型人物示范作用。及时曝光违背科研诚信要求的典型案例，开展警示教育。

六、严肃查处严重违背科研诚信要求的行为

（十九）切实履行调查处理责任。自然科学论文造假监管由科技部负责，哲学社会科学论文造假监管由中国社科院负责。科技部、中国社科院要明确相关机构负责科研诚信工作，做好受理举报、核查事实、日常监管等工作，建立跨部门联合调查机制，组织开展对科研诚信重大案件联合调查。违背科研诚信要求行为人所在单位是调查处理第一责任主体，应当明确本单位科研诚信机构和监察审计机构等调查处理职责分工，积极主动、公正公平开展调查处理。相关行业主管部门应按照职责权限和隶属关系，加强指导和及时督促，坚持学术、行政两条线，注重发挥学会、协会、研究会等社会团体作用。对从事学术论文买卖、代写代投以及伪造、虚构、篡改研究数据等违法违规活动的中介服务机构，市场监督管理、公安等部门应主动开展调查，严肃惩处。保障相关责任主体申诉权等合法权利，事实认定和处理决定应履行对当事人的告知义务，依法依规及时公布处理结果。科研人员应当积极配合调查，及时提供完整有效的科学研究记录，对拒不配合调查、隐匿销毁研究记录的，要从重处理。对捏造事实、诬告陷害的，要依据有关规定严肃处理；对举报不实、给被举报单位和个人造成严重影响的，要及时澄清、消除影响。

（二十）严厉打击严重违背科研诚信要求的行为。坚持零容忍，保持对严重违背科研诚信要求行为严厉打击的高压态势，严

肃责任追究。建立终身追究制度，依法依规对严重违背科研诚信要求行为实行终身追究，一经发现，随时调查处理。积极开展对严重违背科研诚信要求行为的刑事规制理论研究，推动立法、司法部门适时出台相应刑事制裁措施。

相关行业主管部门或严重违背科研诚信要求责任人所在单位要区分不同情况，对责任人给予科研诚信诫勉谈话；取消项目立项资格，撤销已获资助项目或终止项目合同，追回科研项目经费；撤销获得的奖励、荣誉称号，追回奖金；依法开除学籍，撤销学位、教师资格，收回医师执业证书等；一定期限直至终身取消晋升职务职称、申报科技计划项目、担任评审评估专家、被提名为院士候选人等资格；依法依规解除劳动合同、聘用合同；终身禁止在政府举办的学校、医院、科研机构等从事教学、科研工作等处罚，以及记入科研诚信严重失信行为数据库或列入观察名单等其他处理。严重违背科研诚信要求责任人属于公职人员的，依法依规给予处分；属于党员的，依纪依规给予党纪处分。涉嫌存在诈骗、贪污科研经费等违法犯罪行为的，依法移交监察、司法机关处理。

对包庇、纵容甚至骗取各类财政资助项目或奖励的单位，有关主管部门要给予约谈主要负责人、停拨或核减经费、记入科研诚信严重失信行为数据库、移送司法机关等处理。

（二十一）开展联合惩戒。加强科研诚信信息跨部门跨区域共享共用，依法依规对严重违背科研诚信要求责任人采取联合惩戒措施。推动各级各类科技计划统一处理规则，对相关处理结果互认。将科研诚信状况与学籍管理、学历学位授予、科研项目立项、专业技术职务评聘、岗位聘用、评选表彰、院士增选、人才基地评审等挂钩。推动在行政许可、公共采购、评先创优、金融支持、资质等级评定、纳税信用评价等工作中将科研诚信状况作为重要参考。

七、加快推进科研诚信信息化建设

（二十二）建立完善科研诚信信息系统。科技部会同中国社科院建立完善覆盖全国的自然科学和哲学社会科学科研诚信信息系统，对科研人员、相关机构、组织等的科研诚信状况进行记录。研究拟订科学合理、适用不同类型科研活动和对象特点的科研诚信评价指标、方法模型，明确评价方式、周期、程序等内容。重点对参与科技计划（项目）组织管理或实施、科技统计等科技活动的项目承担人员、咨询评审专家，以及项目管理专业机构、项目承担单位、中介服务机构等相关责任主体开展诚信评价。

（二十三）规范科研诚信信息管理。建立健全科研诚信信息采集、记录、评价、应用等管理制度，明确实施主体、程序、要求。根据不同责任主体的特点，制定面向不同类型科技活动的科研诚信信息目录，明确信息类别和管理流程，规范信息采集的范围、内容、方式和信息应用等。

（二十四）加强科研诚信信息共享应用。逐步推动科研诚信信息系统与全国信用信息共享平台、地方科研诚信信息系统互联互通，分阶段分权限实现信息共享，为实现跨部门跨地区联合惩戒提供支撑。

八、保障措施

（二十五）加强党对科研诚信建设工作的领导。各级党委（党组）要高度重视科研诚信建设，切实加强领导，明确任务，细化分工，扎实推进。有关部门、地方应整合现有科研保障措施，建立科研诚信建设目标责任制，明确任务分工，细化目标责任，明确完成时间。科技部要建立科研诚信建设情况督查和通报制度，对工作取得明显成效的地方、部门和机构进行表彰；对措施不得力、工作不落实的，予以通报批评，督促整改。

（二十六）发挥社会监督和舆论引导作用。充分发挥社会公众、新闻媒体等对科研诚信建设的监督作用。畅通举报渠道，鼓励对违背科研诚信要求的行为进行负责任实名举报。新闻媒体要加强对科研诚信正面引导。对社会舆论广泛关注的科研诚信事件，当事人所在单位和行业主管部门要及时采取措施调查处理，及时公布调查处理结果。

（二十七）加强监测评估。开展科研诚信建设情况动态监测和第三方评估，监测和评估结果作为改进完善相关工作的重要基础以及科研事业单位绩效评价、企业享受政府资助等的重要依据。对重大科研诚信事件及时开展跟踪监测和分析。定期发布中国科研诚信状况报告。

（二十八）积极开展国际交流合作。积极开展与相关国家、国际组织等的交流合作，加强对科技发展带来的科研诚信建设新情况新问题研究，共同完善国际科研规范，有效应对跨国跨地区科研诚信案件。

后　记

《学术道德与学术规范》自 2012 年出版以来，已于 2013 年和 2016 年先后两次再版，感谢广大读者对《学术道德与学术规范》内容的包容与肯定。

长期以来，党和国家高度重视科研诚信和学术道德建设，特别是党的十八大以后，有关部委、各类学术组织把学术诚信、科学道德、学风建设有机结合，将其作为引导广大师生、科研工作者深入践行社会主义核心价值观的重要抓手常抓不懈。2018 年 5 月，中共中央办公厅、国务院办公厅印发了《关于进一步加强科研诚信建设的若干意见》，将科研诚信和学风建设提高到新的高度。“长风好借力”，我们要加倍努力才能不辜负时代赋予的责任。

随着信息技术的迅猛发展，“信息化”成为当今时代最鲜明的特征，深刻地影响着我们的学习和工作：我们可以徜徉于信息的海洋，可以随时随地搜索、获取知识，可以跨越千山万水进行学术交流……在为我们的知识更新、学术创新提供了前所未有的良好条件的同时，信息化的优势也为各类学术不端者提供了便利，但信息技术的发展使传统技术条件下不易被发现的学术不端行为越来越多地暴露在大庭广众之下。为此，本书专门对信息化背景下的学术不端行为的演变与治理进行了梳理。我们相信信息技术的不断应用必将为学术不端行为的治理提供更多利器，对于广大读者特别是本科生、研究生群体来说，一定要坚信“魔高一尺，道高一丈”，千万不要抱有一时的侥幸心理而为人生的长远发展埋下隐患。

本书也是2016年中国科学技术协会“案例教学试点工作”项目的成果之一，在此对中国科学技术协会的支持表示感谢！

由于作者水平有限，书中肯定存在很多不足，欢迎广大读者提出批评指正！

编写组

2018年6月